진각국사(眞覺國師)

오로지 정법만을 깨닫기 서원합니다.

입을 열면 정법만을 설하기 서원합니다.

중생이 다하는 그날까지 교화하기 서원합니다.

－대원 문재현 전법선사의 3대 서원

근현대 전법 선맥(傳法禪脈)

75조 경허 성우(鏡虛 惺牛) 전법선사

홀연히 콧구멍 없는 소 되라는 말끝에	忽聞人語無鼻孔
삼천계가 내 집임을 단박에 깨달았네	頓覺三千是我家
유월의 연암산을 내려가는 길에서	六月鷰岩山下路
일없는 야인이 태평가를 부르노라	野人無事太平歌

76조 만공 월면(滿空 月面) 전법선사

구름과 달, 산과 계곡이라, 곳곳에서 같음이여	雲月溪山處處同
선가의 나의 제자 수산의 큰 가풍일세	叟山禪子大家風
은근히 무문인을 그대에게 분부하니	慇懃分付無文印
이 기틀의 방편이 활안 중에 있노라	一段機權活眼中

* 제75조 경허 성우 전법선사 전함 / 제76조 만공 월면 전법선사 받음

77조 전강 영신(田岡 永信) 전법선사

불조도 전한 바 없어서	佛祖未曾傳
나 또한 얻은 바 없음을…	我亦無所得
가을빛 저물어 가는 날에	此日秋色暮
뒷산의 원숭이가 울고 있네	猿嘯在後峰

* 제76조 만공 월면 전법선사 전함 / 제77조 전강 영신 전법선사 받음

78대 대원 문재현(大圓 文載賢) 전법선사

부처와 조사도 일찍이 전한 것이 아니거늘	佛祖未曾傳
나 또한 어찌 받았다 하며 준다 할 것인가	我亦何受授
이 법이 2천년대에 이르러서	此法二千年
널리 천하 사람을 제도하리라	廣度天下人

어상을 내리지 않고 이러-히 대한다 함이여	不下御床對如是
뒷날 돌아이가 구멍 없는 피리를 불리니	後日石兒吹無孔
이로부터 불법이 천하에 가득하리라	自此佛法滿天下

* 제77조 전강 영신 전법선사 전함 / 제78대 대원 문재현 전법선사 받음

이 오도송과 전법게는 대원 문재현 선사님께서 법리에 맞도록 새롭게 번역한 것입니다.

불교 8대 선언문

불교는 자신에게서 영생을 발견하게 한 유일한 종교이다.

불교는 자신에게서 모든 지혜를 발견하게 한 유일한 종교이다.

불교는 자신에게서 모든 능력을 발견하게 한 유일한 종교이다.

불교는 자신에게서 모든 것을 이루게 한 유일한 종교이다.

불교는 자신에게서 극락을 발견하게 한 유일한 종교이다.

불교는 깨달으면 차별 없어 평등하다는 유일한 종교이다.

불교는 모든 억압 없이 자신감을 갖게 한 유일한 종교이다.

불교는 그러므로 온 누리에 영원할 만인의 종교이다.

– 대원 문재현 전법선사 주창

전세계의 불교계에서 통일시켜야 할 일

경전의 말씀대로 32상과 80종호를 갖춘 불상으로 통일해야 한다.

예불 드리는 법을 통일해야 한다.

불공의식을 통일해야 한다.

– 대원 문재현 전법선사 주창

바로보인 선문염송 26

바로보인 출판사는 정맥선원에서 운영하고 있습니다.

* 인제산(人濟山) 성불사(成佛寺) 국제정맥선원
  487-835, 경기도 포천시 내촌면 소리개길 86-178 ☎ 031-531-8805
* 인제산(人濟山) 이룬절 포천정맥선원
  487-835, 경기도 포천시 내촌면 소리개길 86-123 ☎ 031-532-1918
* 도봉산(道峯山) 도봉정사(道峯精舍) 서울정맥선원
  132-010, 서울시 도봉구 도봉로 921 문젠빌딩 2층 ☎ 02-3494-0122
* 백양산(白楊山) 자모사(慈母寺) 부산정맥선원
  607-120, 부산시 동래구 아시아드대로 114번길 10 대륙코리아나 2층 212호
  ☎ 051-503-6460
* 광암산(光巖山) 성도사(成道寺) 광주정맥선원
  506-453, 광주광역시 광산구 삼도광암길 34 ☎ 062-944-4088
* 대통산(大通山) 대통사(大通寺) 해남정맥선원
  487-835, 전남 해남군 화산면 송계길 132-98 중정마을 ☎ 061-536-6366

바로보인 불법 ⑩
바로보인 선문염송(禪門拈頌) 26

초판 1쇄 펴낸날 단기 4347년, 불기 3041년, 서기 2014년 10월 22일

역   저 대원 문재현 선사
펴 낸 곳 도서출판 바로보인
          487-835, 경기도 포천시 내촌면 소리개길 86-178
          전화 031-534-3373 팩스 031-533-3387
신고번호 2010.11.24. 제2010-000004호

편집·윤문 진성 윤주영
제작·교정 도명 정행태, 진연 윤인선
인   쇄 가람문화사

ⓒ 문재현, 2014, printed in Seoul, Korea
www.zenparadise.com

값 15,000원

ISBN 978-89-86214-47-5 04220
ISBN 978-89-86214-21-5 (전30권)

불조정맥(佛祖正脈)

🪷 인 도

교조 석가모니불 (敎祖 釋迦牟尼佛)

 1 조 마하가섭 (摩訶迦葉)

 2 조 아난다 (阿難陀)

 3 조 상나화수 (商那和脩)

 4 조 우바국다 (優波鞠多)

 5 조 제다가 (堤多迦)

 6 조 미차가 (彌遮迦)

 7 조 바수밀 (婆須密)

 8 조 불타난제 (佛陀難堤)

 9 조 복타밀다 (伏馱密多)

10조 파율습박(협) (波栗濕縛, 脇)

11조 부나야사 (富那夜奢)

12조 아나보리(마명) (阿那菩堤, 馬鳴)

13조 가비마라 (迦毗摩羅)

14조 나가르주나(용수) (那閼羅樹那, 龍樹)

15조 가나제바 (迦那堤波)

16조 라후라타 (羅睺羅陀)

17조 승가난제 (僧伽難提)

18조 가야사다 (迦耶舍多)

19조 구마라다 (鳩摩羅多)

20조 사야다 (闍夜多)

21조 바수반두 (婆修盤頭)

22조 마노라 (摩拏羅)

23조 학륵나 (鶴勒那)

24조 사자보리 (師子菩提)

25조 바사사다 (婆舍斯多)

26조 불여밀다 (不如密多)

27조 반야다라 (般若多羅)

28조 보리달마 (菩堤達磨)

🪷 중 국

29조 신광 혜가 (2 조 神光 慧可)

30조 감지 승찬 (3 조 鑑智 僧璨)

31조 대의 도신 (4 조 大醫 道信)

32조 대만 홍인 (5 조 大滿 弘忍)

33조 대감 혜능 (6 조 大鑑 慧能)

34조 남악 회양 (7 조 南嶽 懷讓)

35조 마조 도일 (8 조 馬祖 道一)

36조 백장 회해 (9 조 百丈 懷海)

37조 황벽 희운 (10조 黃蘗 希雲)

38조 임제 의현 (11조 臨濟 義玄)

39조 흥화 존장 (12조 興化 存奬)

40조 남원 혜옹 (13조 南院 慧顒)

41조 풍혈 연소 (14조 風穴 延沼)

42조 수산 성념 (15조 首山 省念)

43조 분양 선소 (16조 汾陽 善昭)

44조 자명 초원 (17조 慈明 楚圓)

45조 양기 방회 (18조 楊岐 方會)

46조 백운 수단 (19조 白雲 守端)

47조 오조 법연 (20조 五祖 法演)

48조 원오 극근 (21조 圓悟 克勤)

49조 호구 소륭 (22조 虎丘 紹隆)

50조 응암 담화 (23조 應庵 曇華)

51조 밀암 함걸 (24조 密庵 咸傑)

52조 파암 조선 (25조 破庵 祖先)

53조 무준 사범 (26조 無準 師範)

54조 설암 혜랑 (27조 雪岩 慧郞)

55조 급암 종신 (28조 及庵 宗信)

56조 석옥 청공 (29조 石屋 淸珙)

✿ 한 국

57조 태고 보우 (1 조 太古 普愚)

58조 환암 혼수 (2 조 幻庵 混脩)

59조 구곡 각운 (3 조 龜谷 覺雲)

60조 벽계 정심 (4 조 碧溪 淨心)

61조 벽송 지엄 (5 조 碧松 智儼)

62조 부용 영관 (6 조 芙蓉 靈觀)

63조 청허 휴정 (7 조 淸虛 休靜)

64조 편양 언기 (8 조 鞭羊 彦機)

65조 풍담 의심 (9 조 楓潭 義諶)

66조 월담 설제 (10조 月潭 雪霽)

67조 환성 지안 (11조 喚醒 志安)

68조 호암 체정 (12조 虎巖 體淨)

69조 청봉 거안 (13조 靑峰 巨岸)

70조 율봉 청고 (14조 栗峰 靑杲)

71조 금허 법첨 (15조 錦虛 法沾)

72조 용암 혜언 (16조 龍巖 慧言)

73조 영월 봉율 (17조 詠月 奉律)

74조 만화 보선 (18조 萬化 普善)

75조 경허 성우 (19조 鏡虛 惺牛)

76조 만공 월면 (20조 滿空 月面)

77조 전강 영신 (21조 田岡 永信)

78대 대원 문재현 (22대 大圓 文載賢)

대원 문재현 선사님 인가 내력

제 1 오도송

이 몸을 끄는 놈 이 무슨 물건인가?
골똘히 생각한 지 서너 해 되던 때에
쉬이하고 불어온 솔바람 한 소리에
홀연히 대장부의 큰 일을 마치었네

무엇이 하늘이고 무엇이 땅이런가
이 몸이 청정하여 이러-히 가없어라
안팎 중간 없는 데서 이러-히 응하니
취하고 버림이란 애당초 없다네

하루 온종일 시간이 다하도록
헤아리고 분별한 그 모든 생각들이
옛 부처 나기 전의 오묘한 소식임을
듣고서 의심 않고 믿을 이 누구인가!

此身運轉是何物
疑端汨沒三夏來
松頭吹風其一聲
忽然大事一時了

何謂靑天何謂地
當體淸淨無邊外
無內外中應如是
小分取捨全然無

一日於十有二時
悉皆思量之分別
古佛未生前消息
聞者卽信不疑誰

　대원 문재현 선사님의 스승이신 불조정맥 제77조 조계종(曹溪宗) 전강(田岡) 대선사님께서 1962년 대구 동화사의 조실로 계실 당시 대원 문재현 선사님께서도 동화사에 함께 머무르고 계셨다.

　하루는, 전강 대선사님께서 대원 선사님의 3연으로 되어 있는 제1오도송을 들어 깨달은 바는 분명하나 대개 오도송은 짧게 짓는다고 말씀하셨다. 이에 대원 선사님께서는 제1오도송을 읊은 뒤, 도솔암을 떠나 김제들을 지나다가 석양의 해와 달을 보고 문득 읊었던 제2오도송을 일러드렸다.

 제 2 오도송

해는 서산 달은 동산 덩실하게 얹혀 있고
김제의 평야에는 가을빛이 가득하네
대천이란 이름자도 서지를 못하는데
석양의 마을길엔 사람들 오고 가네

日月兩嶺載同模
金提平野滿秋色
不立大千之名字
夕陽道路人去來

제2오도송을 들으신 전강 대선사님께서는 이에 그치지 않고 그와 같은 경지를 담은 게송을 이 자리에서 즉시 한 수 지어볼 수 있겠냐고 하셨다. 대원 선사님께서는 곧바로 다음과 같이 읊으셨다.

바위 위에는 솔바람이 있고
산 아래에는 황조가 날도다
대천도 흔적조차 없는데
달밤에 원숭이가 어지러이 우는구나

岩上在松風
山下飛黃鳥
大千無痕迹
月夜亂猿啼

　　전강 대선사님께서는 위 송의 앞의 두 구를 들으실 때만 해도 지
그시 눈을 감고 계시다가 뒤의 두 구를 마저 채우자 문득 눈을 뜨
고 기뻐하는 빛이 역력하셨다.
　　그러나 전강 대선사님께서는 여기에서도 그치지 않고 다시 한 번
물으셨다.
　　"대중들이 자네를 산으로 불러내고 그중에 법성(향곡 스님 법제자
인 진제 스님. 나중에 법원으로 개명)이 달마불식(達磨不識) 도리를 일
러보라 했을 때 '드러났다'고 답했다는데, 만약에 자네가 당시의
양무제였다면 '모르오'라고 이르고 있는 달마 대사에게 어떻게 했
겠는가?"
　　대원 선사님께서 답하셨다.
　　"제가 양무제였다면 '성인이라 함도 서지 못하나 이러-히 짐의
덕화와 함께 어우러짐이 더욱 좋지 않겠습니까?' 하며 달마 대사의
손을 잡아 일으켰을 것입니다."
　　전강 대선사님께서 탄복하며 말씀하셨다.
　　"어느새 그 경지에 이르렀는가?"
　　"이르렀다곤들 어찌 하며, 갖추었다곤들 어찌 하며, 본래라곤들

어찌 하리까? 오직 이러-할 뿐인데 말입니다."

대원 선사님께서 연이어 말씀하시자 전강 대선사님께서 이에 환희하시니 두 분이 어우러진 자리가 백아가 종자기를 만난 듯, 고수 명창 어울리듯 화기애애하셨다.

달마불식 공안에 대한 위의 문답은 내력이 있는 것이다. 전강 대선사님께서 대원 선사님을 부르기 며칠 전에, 저녁 입선 시간 중에 노장님 몇 분만이 자리에 앉아있을 뿐 자리가 텅텅 비어 있었다고 한다.

대원 선사님께서 이상히 여기고 있던 중, 밖에서 한 젊은 수좌가 대원 선사님을 불렀다. 그 수좌의 말이 스님들이 모두 윗산에 모여 기다리고 있으니 가자고 하기에 무슨 일인가 하고 따라가셨다.

그러자 그 자리에 있던 법성 스님이 보자마자 달마불식 법문을 들고 이르라고 하기에 지체없이 답하셨다.

"드러났다."

곁에 계시던 송암 스님께서 또 안수정등 법문을 들고 물으셨다.

"여기서 어떻게 살아나겠소?"

대뜸 큰소리로 이르셨다.

"안·수·정·등."

이에 좌우에 모인 스님들이 함구무언(緘口無言)인지라 대원 선사님께서는 먼저 그 자리를 떠나 내려와 버리셨다.

그 다음날 입승인 명허 스님께서 아침 공양이 끝난 자리에서 지

난 밤 입선시간 중에 무단으로 자리를 비운 까닭을 묻는 대중 공
사를 붙여 산 중에서 있었던 일들이 낱낱이 드러나고 말았다. 그리
하여 입선시간 중에 자리를 비운 스님들은 가사 장삼을 수하고 조
실인 전강 대선사님께 참회의 절을 했던 일이 있었다.

전강 대선사님께서는 이때에 대원 선사님께서 달마불식 도리에
대해 일렀던 경지를 점검하셨던 것이다.

이런 철저한 검증의 자리가 있었던 다음 날, 전강 대선사님께서
부르시기에 대원 선사님께서 가보니 주지인 월산(月山) 스님께서
모든 것이 약조된 데에서 입회해 계셨으며 전강 대선사님께서는
곧바로 다음과 같이 전법게(傳法偈)를 전해주셨다.

 전 법 게

부처와 조사도 일찍이 전한 것이 아니거늘
나 또한 어찌 받았다 하며 준다 할 것인가
이 법이 2천년대에 이르러서
널리 천하 사람을 제도하리라

佛祖未曾傳
我亦何受授
此法二千年
廣度天下人

덧붙여 이 일은 월산 스님이 증인이며 2000년까지 세 사람 모두 절대 다른 사람이 알게 하거나 눈에 띄게 하지 않아야 한다고 당부하셨다.

　만약 그러지 않을 시에는 대원 선사님께서 법을 펴 나가는데 장애가 있을 것이라고 예언하셨다. 또한 각별히 신변을 조심하라 하시고 월산 스님에게 명령해 대원 선사님을 동화사의 포교당인 보현사에 내려가 교화에 힘쓰게 하셨다.

　대원 선사님께서 보현사로 떠나는 날, 전강 대선사님께서는 미리 적어두셨던 부송(付頌)을 주셨으니 다음과 같다.

 부 송

　어상을 내리지 않고 이러-히 대한다 함이여
　뒷날 돌아이가 구멍 없는 피리를 불리니
　이로부터 불법이 천하에 가득하리라

　不下御床對如是
　後日石兒吹無孔
　自此佛法滿天下

　위의 송의 '어상을 내리지 않고 이러-히 대한다 함이여'라는 첫째 줄 역시 내력이 있는 구절이다.

전에 대원 선사님께서 전강 대선사님을 군산 은적사에서 모시고 계실 당시 마당에서 홀연히 마주쳤을 때 다음과 같은 문답이 있었다.

전강 대선사님께서 물으셨다.

"공적(空寂)의 영지(靈知)를 이르게."

대원 선사님께서 대답하셨다.

"이러-히 스님과 대담(對談)합니다."

"영지의 공적을 이르게."

"스님과의 대담에 이러-합니다."

"어떤 것이 이러-히 대담하는 경지인가?"

"명왕(明王)은 어상(御床)을 내리지 않고 천하 일에 밝습니다."

위와 같은 문답 중에 대원 선사님께서 답하신 경지를 부송의 첫째 줄에 담으신 것이다.

전강 대선사님께서 대원 선사님을 인가(印可)하신 과정을 볼 때 한 번, 두 번, 세 번을 확인하여 철저히 점검하신 명안종사의 안목에 탄복하지 않을 수 없으며 이에 끝까지 1초의 머뭇거림도 없이 명철하셨던 대원 선사님께 찬탄하지 않을 수 없다.

그리하여 법열로 어우러진 두 분의 자리가 재현된 듯 함께 환희 용약하지 않을 수 없다.

이제 전강 대선사님과 약속한 2천년대를 맞이하였으므로 여기에 전법게를 밝힌다.

이로써 경허, 만공, 전강 대선사님으로 내려온 근대 대선지식의 정법의 횃불이 이 시대에 이어져 전강 대선사님의 예언대로 불법이 천하에 가득할 것이다.

바로보인 불법 ⑩

바로보인 선문염송(禪門拈頌)

26

대원 문재현 선사 역저

책을 내면서

『선문염송(禪門拈頌)』은 『전등록(傳燈錄)』과 더불어 세계 최대의 공안집(公案集)이다. 중국에서 출간된 『경덕전등록(景德傳燈錄)』의 양억이 쓴 서문에 의하면 경덕전등록 전30권에는 1,701명의 선사님이 실려 있다.

그런데 선사님 한 분의 어록 안에 여러 공안이 실려 있으므로 전체 공안의 수는 책에 실린 선사님의 수보다 훨씬 많다고 할 것이다.

『선문염송』 역시 본 공안만 해도 1,463칙으로 이루어져 있다. 게다가 각 공안마다 많게는 수십 분, 적게는 한두 분 선사님의 법문과 송(頌)이 딸려 있고, 각 법문과 송에 또한 많은 공안도리가 숨어 있으니 그것들을 다 든다면 만 여 공안이 넘어 오히려 『전등록』의 공안 수를 훨씬 웃돌 것이라고 본다.

이러한 보배 중의 보배가 설두(雪竇) 선사님의 후신이라고 일컬어지는 고려 진각(眞覺) 국사님에 의해 완성되어 우리나라에서 초유로 간행되었으니 자랑스러운 일이라 아니할 수 없다.

『선문염송』을 보며 석가모니 부처님께서 병에 따라 약을 주시듯 근기에 따라 갖은 방편을 다하여 자유자재 수행인을 제접하신 바가 참으로 희유한 법인 공안도리를 이루게 되었다는 것에서 새삼 경외감을 느꼈다. 또한 설두 선사와 진각 국사 두 몸에 걸쳐 끝내 이 공안집의 완성을 이루신 그 서원에 감동하였다.

그러하니 혼자 몸으로 이『선문염송』의 전 공안을 번역하고 평하여 바로 보이신 스승님의 지혜와 자비, 원력에 어찌 찬탄의 말씀을 드리지 않을 수 있을까.

『선문염송』은 앞에서도 이야기했듯 우선 본칙부터 전 공안을 망라하다시피 한 방대한 양이며 이에 대해 많은 선사님들의 법문까지 결집해 놓은 터라 부처님으로부터 각 선사님들의 법 쓰시는 바를 손바닥 들여다보듯 하지 않고는 제대로 번역할 수가 없다.

그러므로 이것은 번역이 아니라 다시금 보이셨다는 말이 걸맞을 것이다.

'양구(良久)'라는 한마디도 어떻게 번역하느냐에 따라 수행인이 더욱 분명히 공안을 참구하는 계기가 되는 것이다. 선사님들이 말없이 계시는 내역을 바로 짚기란 여간 어려운 것이 아닌데 스승님께서는 이를 의로(意路)에 따라 읽어내어 '잠잠히 있다가' 혹은 '말없이 보이고'로 번역하셨다.

또한 양구의 내역뿐 아니라 법문의 어디에 선사님들의 참 의중인 공안이 숨어있는가를 고스란히 드러내어 그 공안을 바로 참구할 수 있게끔 번역하셨으니 공안참구의 길잡이 역할을 하셨다는 것을 독자들은 바로 알아차릴 수 있을 것이다.

게다가 난해하기로 유명한 『선문염송』, 어떤 선사도 감히 전 공안에 대해 입을 벌리지는 못했는데 스승님께서는 최초로 전 공안에 취모검 휘두르기를 두려워하지 않으셨다.

한마디로 일체종지를 통달한 이가 아니고는 애시당초 엄두도 내지 못할 일을 거침없이 각 칙마다 일러가셨으니 그 통달한 지혜에 누군들 탄복하지 않을 수 있을까.

더불어 평생에 걸쳐서라도 이 공안집 30권을 바로 보이시겠다는 스승님의 원력과 노고를 잊을 수가 없다. 당신이 아니면 할 수 없는 일이라는 사명감에 국제선원을 짓는 불사와 전국의 제자를 가르치는 와중에도 1992년도부터 9년째 『선문염송』 작업을 놓지 않으셨다.

지금도 눈에 환히 떠오르는 것은 주말마다 선원에 가면 밤늦게까지 불켜진 스승님의 방, 방문을 열면 책상 앞에서 『선문염송』 작업을 하다가 고개를 들어 웃어주시며 피곤한 눈가에 맺힌 눈물을 닦아내시던 스승님의 모습이다.

하루에도 여러 번 불사현장을 오가느라 지친 몸에도 작업을 보면 떨치고 일어나 앉으셨다. 그때마다 얼마나 죄스럽고 안타까운 마음이었던가.

『바로보인 전등록』 전 30권의 완역과 더불어 이 『바로보인 선문염송』 30권의 역저로 스승님의 번개 같은 지혜와 후학자를 위한 자비의 빛이 제불보살님, 뭇 선사님들의 광휘와 더불어 스러지지 않을 것을 믿는다.

『선문염송』 30권 중 1권은 대부분 석가모니 부처님께서 보이신 공안으로 이루어져 있다. 당시에 이러한 공안도리로써 제접하셨다니 부처님께서는 시공을 초월한 분이란 것을 증명한 대목이라 아니할 수 없다.

그럼에도 불구하고 공안도리가 마치 석가모니 부처님 당대에는 없었던 조사님들만의 특별한 법인 양 말씀하시는 분들이 많은 것이 안타깝다.

조사님들이 최상승인 조사선 도리로 제창하셨다 하나 부처님과 비교하는 것은 당초에 어리석은 논의라고 본다.

부처님께서 영산회상에서 꽃 들어 보인 소식 하나만 보더라도 그러하다. 여기 어찌 조사선, 여래선을 논하랴.

꽃 들어 보임에 온통 법계라
가섭이 미소지음 흔연히 나뉨없어
이 소식 알런가
덩실 덩실 더덩실

2000년 9월 1일

진성(眞性) 윤주영(尹柱瑛)

서 문

말세가 되어 마(魔)는 강해지고 법(法)은 쇠약해져 사법(邪法)을 추구하는 사람들이 늘어나면서 사법이 무성해지고 세상이 혼란해지니 그 어느 때보다도 정법(正法)이 요구되는 시점이다. 그래서 미력하나마 감히 어둠을 밝히는 등불이 되기를 결심한 터였다.

그런데 부산에 사는 하목원님이 염송번역 본문 두어 권을 가지고 와서 '내가 보아도 번역을 이렇게 해서 되겠나 하는 대목이 많아서 가져왔습니다. 아무리 교화에 바쁘시더라도 스승님께서 틈을 내셔서 번역을 하셔야 되겠습니다.'라고 간곡히 청하여 『선문염송』 번역에 착수하게 되었다.

부처님과 조사님들의 가르침은 오직 깨달음에 뜻이 있다. 그 가르침의 진수만을 진각 국사께서 가려 결집해 놓은 것이 바로 『선문염송』이다. 이 주옥 같은 공안들을 누구나 볼 수 있어야 하는데 한문 원본으로 있거나 부처님들과 조사님들의 근본 뜻과는 먼 번역본들뿐이니 어떠한 일이 있어도 금생에 완역을 하여 불조의 뜻을 바로 보게 하겠다는 맹세를 스스로 하게 되었다.

그러나 막상 번역에 착수하고 보니 오자는 아님에도 여러 본을 구해놓고 보아도 뜻이 통하지 않는 대문이 많았다. 그럴 때마다 국내 대형 서점을 돌아다니며 옛 한자사전 또는 대형 한자사전을 구해서 조사님 당대에는 그 글자가 어떠한 뜻으로 쓰였는가를 찾고, 그것이 위아래 뜻에 통하는가 관조하여 불조(佛祖)의 본 뜻에 어긋나지 않는 번역이 되도록 최선을 다하였다.

그러나 혹 미비한 점이 있다면 강호제현님들의 명안책언(明眼嘖言)이 있기를 바란다.

이 책이 나오기까지 편집·윤문에 진성 윤주영, 제작·교정에 도명 정행태, 진연 윤인선이 수고한 바에 깊이 감사한다.

또한 이 책을 보는 이들 모두가 성불(成佛)로 회향(回向)되기만을 빈다.

어떻게 회향할 것인가?

옥녀봉 위 흰 구름 한가롭고
광암의 저수지 짙푸르다
진연아, 차 한 잔 내오렴

단기(檀紀) 4333년
불기(佛紀) 3027년
서기(西紀) 2000년

무등산인 대원 문재현
(無等山人 大圓 文載賢)

차 례

불조정맥(佛祖正脈) 3
대원 문재현 선사님 인가 내력 7
책을 내면서 19
서 문 23
일러두기 30

1135칙 손을 들어 흔들 뿐이다〔홀기・忽起〕 31
1136칙 한 입이 검 같다〔일구검・一口劍〕 34
1137칙 기침을 한 번 하다〔해수・咳嗽〕 41
1138칙 다만 주먹이라 부를 뿐이니라〔득지어심・得之於心〕 45
1139칙 가게에 가서 유과를 먹었노라〔유자・油糍〕 49
1140칙 어떻게 베풀어 행하십니까〔혼신・渾身〕 57
1141칙 노파심〔노파심・老婆心〕 60
1142칙 같이 사람을 위해 주지하기는 어려우니라〔함개・函盖〕 66
1143칙 언제 조주를 떠난 적이 있던가〔조주・趙州〕 70
1144칙 내가 들어 보일 것 같으면〔약거・若擧〕 74
1145칙 금잔에 가득한 술을 단번에 마셨을 때〔금배・金杯〕 77
1146칙 사해가 평온하고 청정할 때〔사해안청・四海晏淸〕 80
1147칙 나는 이 이야기가 두루 퍼지기를 바라느니라〔금주・擒住〕 83

1148칙 조산은 같지 않느니라〔조산・曹山〕 86

1149칙 절하지 않고 다시 어느 때를 기다리는가〔서래적적의・西來的的 意〕 94

1150칙 생각으로 헤아릴 수 없는 곳〔사량・思量〕 97

1151칙 한 조각 가없는 광채〔일편・一片〕 100

1152칙 붉은 살덩이 위에 천 길의 절벽이 섰느니라〔적육단・赤肉團〕 103

1153칙 위로부터의 여러 성인이 어디로 갔습니까〔종상제성・從上諸聖〕 110

1154칙 추위와 더위에 관계되지 않는 것〔일월・日月〕 116

1155칙 홀홀단신일 때〔필마단창・疋馬單槍〕 120

1156칙 주장자를 선승의 얼굴 앞에 대다〔패야・敗也〕 123

1157칙 안에서 쪼고 겉에서 쪼는 것이 동시인 작용〔줄탁・啐啄〕 126

1158칙 옛 궁전이 다시 흥할 때〔고전・古殿〕 131

1159칙 붉은 하늘을 홀로 걸을 때〔단소・丹霄〕 134

1160칙 한 방망이〔일봉・一棒〕 137

1161칙 한 획〔일획・一劃〕 141

1162칙 남종북조〔남종북조・南宗北祖〕 145

1163칙 본래면목〔본래면목・本來面目〕 149

1164칙 선승을 밀어내다〔추출・推出〕 154

1165칙 체도〔체도・剃刀〕 194

1166칙 선(禪)〔선・禪〕 202

1167칙 도(道)〔도・道〕 205

1168칙 교(敎)〔교・敎〕 208

1169칙 모든 곳에 청정한 것〔일체처・一切處〕 211

1170칙 부처님들의 스승〔제불・諸佛〕 214

1171칙 외딴 봉우리에 홀로 묵을 때〔고봉 · 孤峯〕 217

1172칙 한 망치 아래의 일〔일추 · 一椎〕 220

1173칙 가풍〔금계 · 金鷄〕 223

1174칙 둘둘 셋셋〔양양삼삼 · 兩兩三三〕 228

1175칙 서로 만났다는 것마저 곧 쉬어라〔향거 · 向去〕 232

1176칙 경(經)〔의경 · 依經〕 241

1177칙 강서의 법도〔강서 · 江西〕 245

1178칙 인간세계와 천상세계의 스승〔천인사 · 天人師〕 249

1179칙 까치가 기쁘게 지저귐이여〔희작 · 喜鵲〕 252

1180칙 둘째 근기로는 이르를 수 없는 곳〔이기 · 二機〕 256

1181칙 북 칠 줄 안다〔습학 · 習學〕 259

1182칙 두드리고 갈고 갈아 잊혀질 수 없을 때〔대도 · 碓擣〕 270

1183칙 본래의 부모〔본래부모 · 本來父母〕 273

1184칙 본래의 마음〔본래심 · 本來心〕 279

1185칙 마른 소나무에 학이 서 있을 때〔학립 · 鶴立〕 283

1186칙 마음과 법을 쌍으로 잊을 때〔심법 · 心法〕 290

1187칙 곧바로 가르쳐 주십시오〔아왕 · 我王〕 294

1188칙 신령한 싹이 곳곳마다 돋아납니다〔금서 · 金鋤〕 297

1189칙 어떤 것이 화상의 가풍입니까〔물외 · 物外〕 301

1190칙 법신을 꿰뚫는 구절〔등산 · 登山〕 304

1191칙 영리한 사람〔영리 · 伶利〕 307

1192칙 주장자〔주장 · 柱杖〕 311

1193칙 세 번째에 오라〔제삼 · 第三〕 333

1194칙 원상을 그려 보이다〔원상 · 圓相〕 336

1195칙 방망이를 들고 불자를 세운 뜻 〔넘퇴·拈槌〕 344

1196칙 한 티끌에서 삼매에 드는 것 〔일진·一塵〕 347

1197칙 근원으로 돌아가 요지를 얻는 것 〔귀근·歸根〕 351

1198칙 깊고 깊은 곳 〔심심처·深深處〕 354

1199칙 누군들 없겠는가 〔수무·誰無〕 357

1200칙 일어나고 멸함이 멈추지 않을 때 〔기멸·起滅〕 360

1201칙 단좌 〔단좌·端坐〕 367

1202칙 돌소를 옛길에서 맞닥뜨리니 〔석우·石牛〕 372

1203칙 한 거품이 일기 이전의 일 〔일구·一漚〕 378

1204칙 도가 있는 줄 알면서도 얻을 수 없을 때 〔지유·知有〕 386

1205칙 조사께서 서쪽에서 오신 뜻 〔서래의·西來意〕 390

1206칙 큰 일은 이미 이루어졌거늘 〔대사·大事〕 395

1207칙 밭에 씨 뿌리고 밥 먹는 것 〔종전·種田〕 398

1208칙 불법을 어떻게 보이는가 〔새각·塞却〕 412

1209칙 한 떨기 모란꽃 〔목단·牧丹〕 417

1210칙 무엇을 가지고 왔는가 〔장득·將得〕 421

1211칙 문수, 관음, 보현의 문 〔죽반·粥飯〕 425

◇ 부 록

가슴으로 부르는 불심의 노래 - 대원 문재현 선사님이 작사한 곡 431

일러두기

1. 장설봉(張雪峰) 선사님께서 현토한 본을 가지고 번역하되 뜻이 통하지
   않는 곳은 동국대 역경원본, 백봉(白峯) 거사본을 모두 참고하여 오자
   가 없고 본 공안 이치에 어김이 없도록 최선을 다하였다.
2. 위와 같이 여러 본을 두루 살펴보아도 뜻이 통하지 않는 경우에는 그
   조사(祖師) 당시에 그 글자가 어떤 뜻으로 쓰였는지 옛 한자 사전을 찾
   아 번역하였다.
3. 특별한 일화나 선가(禪家)에서 두루 쓰였던 용례를 모르고는 번역할 수
   없는 것들은, 중국의 고사성어 사전이나 일본과 중국의 최대 표제어의
   선어사전(禪語辭典)에서 찾아 번역하였다.
4. 원문의 한자는 오자(誤字)가 적은 장설봉 선사님께서 현토한 본을 기본
   으로 입력하였으나, 고자(古字)가 많아서 입력이 어려운 경우 현대에 널
   리 쓰이는 동자(同字)를 취하여 입력하였다. 또한, 장설봉 현토본에도
   오자가 있을 때에는 동국대 역경원본을 참고하였다.
5. 각 칙마다 역저자인 대원 문재현 선사님의 도움말과 시송을 더하여 공
   안의 본 뜻을 들추어내 놓았다.
6. 제목은 본칙의 핵심이 되는 공안도리로 다시 정하였다. 그것이 마땅치
   않을 때는 무엇에 대해 문답하고 있는지를 살펴서 문답의 주제나 소재
   를 제목으로 하였다. 이렇게 하다보니 원래 제목을 가지고 공안을 찾는
   분들의 불편함이 있어서, 차례에 새 제목 옆으로 원 제목을 넣어서 찾
   아보기 편하도록 하였다.

1135칙 손을 들어 흔들 뿐이다

본 칙

복주 고산 신안 국사가 어느 날 설봉 선사에게 참문하니, 설봉 선사가 그 인연이 익은 줄 알고 홀연히 일어나서 붙들고 말하였다.

"이것이 무엇인가?"

신안 국사가 모든 의심이 풀려 확연히 깨닫고 그 깨달은 마음까지도 잊어 손을 들어 흔들 뿐이었다.

설봉 선사가 말하였다.

"그대가 도리를 짓는 것인가?"

"무슨 도리가 있겠습니까?"

설봉 선사가 어루만지면서 인가하였다.

福州皷山神晏國師 一日 叅雪峯 峯 知其緣熟 忽起搊住曰 是什麼 師釋然了悟 亦忘其了心 唯擧手搖拽而已 峯曰 汝作道理那 師曰 何 道理之有 峯 乃撫而印之

◠ 열재 거사 송

마음을 찾아 마쳐 앎마저 없으니
하늘땅에 오직 그대뿐임을
바늘 끝에서 실 끝까지 한가히 집어듦이여
문수와도 그 얻음이 같다고 할까나

悅齋居士 頌
覓這心兒了不知
普天普地是闍梨
針頭線尾閑拈起
也道文殊似得伊

대원 문재현은 이 칙을 모두 들고나서 이르노라.

어진 말은 채찍 그림자만 보아도 달린다더니 과연, 과연일세.
이분과 짝할 만한 분을 들어 말할까?

정각 앞 버드나무 하면 벌써
장안의 사람으로 맞이하고

장안의 사람이라 말하려 하면
입을 막아버려야 할 것이니

따뜻한 조주의 차 한 잔과
태평가 한 곡조가 좋겠네

1136칙 한 입이 검 같다

🪷 본 칙

고산 선사가 대중에게 보이고 말하였다.

"만일 이 일을 이야기하자면 마치 한 입이 검 같으니라."

이에 어떤 선승이 물었다.

"들으니, 화상께서 말씀하시기를 '만일 이 일을 이야기하자면 마치 한 입이 검 같다.' 하셨다니 화상께서도 죽은 송장이요, 학인도 죽은 송장이거늘 어떤 것이 검입니까?"

고산 선사가 말하였다.

"이 송장을 끌어내라."

선승이 "예!" 하고는 의발을 꾸려가지고 떠나버렸다.

저녁이 되자 수좌에게 물었다.

"아까 질문을 한 선승이 어디에 있는가?"

수좌가 대답하였다.

"그 즉시에 떠나버렸습니다."

고산 선사가 말하였다.

"스무 방망이를 때려주었어야 좋았을 것이니라."

皷山　示衆云　若論此事　如一口劍　時有僧問　承和尙有言　若論此事
如一口劍　和尙　是死屍　學人　是死屍　如何是釰　師云　拖出者死屍　僧
應喏　歸衣鉢下　打貼便行　師至晚　問首座　問話僧　在否　座云　當時便
去也　師云　好與二十棒

∽ 설두현 선사가 이 칙을 들고 말하였다.

제방의 노숙이 모두가 "고산이 온통인 눈을 잃었다." 하거니와 큰 상금을 걸어놓은 것은 대장부가 나타날 수 있기 때문임을 전혀 모른 것이다. 그러나 자세히 점검해 보건대 일시에 묻힘을 면하지 못했도다.

雪竇顯 拈 諸方老宿 摠道 皷山 失却一隻眼 殊不知重賞之下 必有勇夫 然雖如此 若子細點檢來 未免一時埋却

~ 운거제 선사가 이 칙을 들고 말하였다.

  그 선승이 긍정치 않았다면 고산에게 어떤 허물이 있으며, 만일
긍정했다면 어째서 떠나야 했던가?

雲居齊 拈 這僧 若不肯 皷山有什麼過 若肯 何得便發去

∞ 운거제 선사가 다시 말하였다.

고산의 주장자는 상인가, 벌인가? 안목을 갖춘 이는 혜아려 보라.

又云 皷山柱杖 賞伊 罰伊 具眼底 試商量看

∽ 백운병 선사가 이 칙을 들고 말하였다.

　왕법에는 친한 이가 없고, 진정한 말은 귀에 거슬린다 했다. 그 선승은 스스로 날카로운 칼을 가지고 스스로의 목숨을 끊은 격이고, 고산은 큰 배는 어쩌지 못하고 공연히 표주박만 부쉈다.

　白雲昺 拈 王法 無親 忠言逆耳 者僧 自持白刃 以斷命根 皷山 不奈船何 打破瓢斗

대원 문재현은 이 칙을 모두 들고나서 이르노라.

"화상께서도 죽은 송장이요, 학인도 죽은 송장이거늘 어떤 것이 검입니까?" 할 때 세 대를 후려쳤어야 했다.

1137칙 기침을 한 번 하다

본 칙

고산 선사가 대중에게 보이고 말하였다.
"고산의 문하에서는 기침마저 허락지 않느니라."
이에 어떤 선승이 나와서 기침을 한 번 하였다.
고산 선사가 말하였다.
"무엇을 하는 것인가?"
선승이 대답하였다.
"감기가 들었습니다."
고산 선사가 말하였다.
"감기라 하니 그럴 듯하구나."

皷山 示衆云 皷山門下 不得咳嗽 時有僧 出來 咳嗽一聲 師云 作什
麽 僧云 傷寒 師云 傷寒卽得

ᢏ 낭야각 선사가 이 칙을 들고 말하였다.

우레소리는 몹시 컸으나 빗방울은 전혀 없도다.

琅琊覺 拈 雷聲 甚大 雨點 全無

♾ 백운병 선사가 이 칙을 들고 말하였다.

고산 선사에게 비록 범할 수 없는 법령이 있으나 마지막에 가서
는 도리어 무리의 뒤를 따라갔도다.
  그때에 그 선승이 "감기가 들었습니다." 하는 것을 보자마자, "주
장자가 없으니, 빗자루로라도 서른 방망이를 때리리라." 하기만 했
으면 그 어찌 시종일관 작가가 아니었겠는가.

  白雲昺 拈 皷山 雖有不犯之令 下梢 又却隨行逐隊 當時 才見者僧
云 傷寒 好向伊道 柱杖不在 茗箒柄 聊與三十 豈不始終作家

대원 문재현은 이 칙을 모두 들고나서 이르노라.

　고산 선사가 "무엇을 하는 것인가?" 할 적에 선승은 "무엇을 보았습니까?" 했어야 했고, 선승이 "감기가 들었습니다." 할 때 고산 선사는 한 대 때리고 "그런 것도 있느냐?" 했어야 했다.
　험.

1138칙 다만 주먹이라 부를 뿐이니라

 본 칙

복주 안국 명진 대사가 어떤 선승에게 물었다.

"마음에 얻었다 하면 이란초[伊蘭]가 전단나무가 되고, 종자를 잃었다 하면 감로가 여뀌밭이 된 것이라고 하니, 나는 이 이야기에서 얻음과 잃음의 두 뜻을 갖추기를 요하노라."

선승이 주먹을 세우면서 말하였다.

"주먹이라 할 수는 없을 것입니다."

안국 대사가 긍정치 않고 역시 주먹을 쥐어 보이면서 말하였다.

"그저 주먹이라 할 뿐이니라."

福州安國明眞大師 問僧 得之於心 伊蘭 作栴檀之樹 失之於旨 甘露 乃蒺藜之園 我要箇語 具得失兩意 僧竪起拳云 不可喚作拳頭 師不肯 亦擧拳云 只爲喚作拳頭

∽ 설두현 선사가 말하였다.

끈도 없이 스스로 속박된 놈이라 주먹도 알지 못하는구나.

雪竇顯 云 無繩自縛漢 拳頭也不識

☜ 대위수 선사가 말하였다.

　설두와 안국은 모두가 세상 밖에 고고하다 여겼는데 칼날을 맞대고 정면으로 맞부딪치기에 이르러서는 도리어 무리를 따라 가버렸도다.

　"나는 이 이야기에서 얻음과 잃음의 두 뜻을 갖추기를 요하노라." 해서, 그가 주먹을 세우면서 "주먹이라 할 수는 없을 것입니다." 할 때 "그대는 무엇이라 하겠는가?" 하여서 그가 비록 얻음과 잃음의 두 뜻을 설명해 내었더라도 역시 그 속에서도 사람을 시험해보아야 할 터인데 그저 그렇게 물에 진흙 섞은 것 같이 하였으니, 무슨 분명함이 있으리오.

　大潙秀 云 雪竇與安國 盡謂孤高方外 及乎臨鋒受敵 又却逐隊隨行 我要箇語 具得失兩意 待伊竪起拳云 不可喚作拳 你又喚作什麼 從伊 說出得失兩意 也要其中見人 只伊麼和泥合水 有甚分曉

대원 문재현은 이 칙을 모두 들고나서 이르노라.

그 선승이 "주먹이라 할 수는 없을 것입니다." 할 때 한 번쯤 점검을 해서 응함을 따라 행하였더라면 그 선승에게 좋은 계기가 되었을 것을….

뜰 앞의 단풍잎은 불처럼 붉디 붉고
앞산의 잣나무는 푸르고도 짙푸르며
화분의 한 송이 꽃, 황금같이 노랗다

1139칙 가게에 가서 유과를 먹었노라

 본 칙

아호 화상이 어느 날, 점정[1]한 뒤에 식당에 나아가지 않고, 방장으로 들어가 졸았는데 공양이 끝나자, 지사(知事)가 와서 물었다.

"화상께선 어째서 공양간에 나오지 않으셨습니까?"

아호 화상이 말하였다.

"가게에 가서 유과[2]를 먹었노라."

저녁이 되자, 가게 주인이 와서 말하였다.

"오늘 가게에 오셨다가 유과를 잡숴주셔서 고맙습니다."

(아호(鵝湖)가 둘이 있는데 하나는 대의(大義)이니 마조의 제자요, 또 하나는 지부(智孚)이니, 설봉 선사의 제자이다. 이 이야기는 나온 곳이 분명치 않으나 지부인가 하여 여기에 수록한다.)

鵝湖和尙 一日 點靜後不赴堂齋 遂入方丈睡去 齋後 知事來白云 和

---

1) 점정(點靜) : 점호처럼 이름을 불러 참석을 확인하는 것.
2) 유과 : 원문에 유자(油餈)라고 되어 있는데, 이는 찹쌀을 갈아서 속에 녹두를 넣고 설탕을 발라 기름에 튀긴 과자류의 간식이다.

尙何不赴堂 師云 莊上 喫油糍來 晩間 莊主到來云 今日謝和尙到莊
上 喫油糍(鵝湖有二 一大義嗣馬祖 二智孚嗣雪峯 此話未詳所自然疑
智孚故附之)

∽ 운문고 선사 송

화상은 식당에 나가지를 아니하고
가게주인은 왕림을 감사하다 사례했다
한 글자가 공문(公門)에 들어가니
아홉 소가 끌어도 나오지 않는다

雲門杲 頌
和尙不赴堂
庄主謝臨屈
一字入公門
九牛車不出

∞ 죽암규 선사 송

가까이는 입술 가에 있고
멀리는 항하사 국토 저쪽이라
세간의 얼마나 많은 사람이
유과를 얻어먹지 못했는고

竹庵珪 頌
近在口皮邊
遠過河沙國
世間多少人
不得油糍喫

∾ 개암붕 선사 송

오이밭 가에서는 신을 고쳐신지 말고
자두나무 밑에서는 갓을 고쳐쓰지 말라
갓 쓰기와 신 신기를 다시 하는 일을
어질지 못하다고 여기노라[3]

介庵朋 頌
瓜田不納履
李下不整冠
整冠與納履
便作不良看

---

3) 『문선(文選)』이라는 책에는 오이밭을 지날 때 허리를 굽혀 신을 고쳐 신지 말고 자
   두나무 밑에서는 손을 들어 갓을 다시 쓰지 말라고 하였다. 이는 신을 신는 시늉을
   하며 오이를 딸 수 있고, 자두나무 밑에서는 손을 들어 자두를 훔칠 수 있으므로 공
   연히 사람들의 의심을 산다는 데에서 주의시킨 말이다.

∽ 보녕용 선사가 상당하여 이 칙을 들고 말하였다.

대중들이여, 이것이 신통묘용인가, 아니면 본체의 이러-함인가? 평지 위에서 공연한 허깨비 모양을 짓는 것일세. 이미 그렇지 않다면 또 어떻게 헤아릴까?

(잠잠히 있다가)

이 공안일랑 천하 사람들이 마음대로 비판하게 두어라. 보녕은 신통묘용도 없고, 숙명과 타심도 없다.

절은 강녕부에 있고, 가게는 의흥현에 속했다. 물길로는 1천리요, 육로로는 4백리라. 외로운 배, 들판 나루를 곳곳에 지나고, 둑의 버들, 바위 꽃이 때때로 피어난다.

지난 날에 나갔다가 어제 돌아왔는데 가게에서 유과를 먹은 적도 없고, 다만 흰 쌀로 밥을 짓고 들나물로 국을 끓여 주린 배를 채우되 집안 형편에 따랐다.

그렇기는 하나, 다시 한 가지 우스운 일이 있으니 쌀의 낱낱에 벌레가 생겼더라.

참!

保寧勇 上堂擧此話云 大衆 爲復是神通妙用 爲復是本體如然 平地上 剛然捏怪旣不與麼 又作麼生商量 良久云 者个公案 一任天下人批

判 保寧 也無神通妙用 亦無宿命他心 院在江寧府 庄屬宜興縣 水路
一千 陸路四百 孤舟野渡 處處經過 堤柳嵓花 時時間發 前月出去 昨
日歸來 莊上 也不曾喫他油糍 祇是炊白米飯 煮野荣羹 療飽充飢 隨
家豐儉 然雖如是 更有一般堪笑事 米中粒粒偏生蟲 祭

대원 문재현은 이 칙을 모두 들고나서 이르노라.

한의 개는 흙덩이를 쫓아가고
금수의 왕, 사자는 사람을 문다
험.

1140칙 어떻게 베풀어 행하십니까

본 칙

형주 육왕산 홍통 선사에게 어떤 선승이 물었다.
"어떤 것이 화상의 가풍입니까?"
홍통 선사가 대답하였다.
"온몸이 닷 돈의 값어치도 되지 않느니라."
선승이 다시 말하였다.
"대단히 가난한 사람이로군요."
홍통 선사가 말하였다.
"옛대에도 그러했느니라."
선승이 다시 물었다.
"어떻게 베풀어 행하십니까?"
홍통 선사가 대답하였다.
"집안 형편에 따르느니라."

衡州育王山弘通禪師 因僧問 如何是和尙家風 師云 渾身 不直五文
錢 僧云 大貧寒生 師云 古代 如此 僧云 如何施設 師云 隨家豊儉

∽ 단하순 선사 송

조상적부터 한 푼도 없는 가풍이여
청빈한 가운데서도 청빈함일세
옷 입고 밥 먹기를 형편에 따라 함이여
두두물물에 응하여 쓰는 대로 최고의 친함일세

丹霞淳 頌
祖代家風沒一文
淸貧中是更淸貧
着衣喫飯隨豊儉
物物頭頭用最親

대원 문재현은 이 칙을 모두 들고나서 이르노라.

　어떤 이가 내게 "어떤 것이 선사의 가풍입니까?"라고 물었다면 "바닷물은 짜니라."라고 답하고, "대단히 가난한 사람이로군요."라고 하면 "육지 물은 짜지 않다."라고 하고, "어떻게 베풀어 행하십니까?"라고 하면 "보여주었다."라고 했으리라.

1141칙 노파심

 본 칙

무주 금봉 종지 선사가 대중에게 보이고 말하였다.

"산승이 20년 전에는 노파심이 있었는데 20년 뒤에는 노파심이 없느니라."

이에 어떤 선승이 물었다.

"어떤 것이 20년 전의 노파심이 있었던 것입니까?"

금봉 선사가 대답하였다.

"범부를 물으면 범부를 말해주고, 성인을 물으면 성인을 말해주었느니라."

선승이 다시 물었다.

"어떤 것이 20년 뒤의 노파심이 없는 것입니까?"

금봉 선사가 대답하였다.

"범부를 물어도 범부를 말함이 없고, 성인을 물어도 성인을 말함이 없다."

撫州金峯從志禪師 示衆云 山僧 二十年前 有老婆心 二十年後 無老
婆心 時有僧問 如何是二十年前有老婆心 師云 問凡答凡 問聖答聖
僧云 如何是二十年後無老婆心 師云 問凡不答凡 問聖不答聖

∽ 운문고 선사가 상당하여 이 칙을 들고 말하였다.

경산이 그때에 보았더라면 다만 오조(五祖) 노사처럼 그를 대했을 것이니라.
(손으로 입을 쥐어 비둘기 부리 모양을 만들고)
구, 구, 구.

雲門杲 上堂擧此話云 徑山 當時 若見 只將五祖師翁底對他 遂擧手
作鵓鳩觜云 谷谷吟

∽ 자항박 선사가 상당하여 이 칙을 들고 말하였다.

대중들이여, 금봉 화상이 활용한 곳이로다.
 개울을 흐르는 물이 웅덩이를 채우지 않고 흐르는 법이 없는 것
과 같이, 문장을 이루지 못하고서 통달하는 법이 없다.
 비록 그러나 다시 30년을 기다려도 많다고 할 수 없으리라.
 말해보라. 이해(利害)가 어디에 있는가? 행각하는 사람은 판정해
보라.

 慈航朴 上堂擧此話云 大衆 金峰和尙用處 如行川之水 不盈科不行
不成章不達 然雖如是 更與三十年 也不較多 且道 利害在甚麽處 行
脚人 試定當看

∽ 밀암걸 선사가 이 칙을 들고 말하였다.

　오거(烏巨)가 그때에 보았더라면 쌀쌀한 웃음소리만 두어 번 냈으리니, 그 노장이 만일 홀연히 보았다면 자연히 범부니 성인이니 하는 굴 속에 떨어지지 않았으리라.

　密庵傑　擧此話云　烏巨當時　若見　但冷笑兩聲　這老漢　忽若瞥地　自然不墮聖凡窠臼

대원 문재현은 이 칙을 모두 들고나서 이르노라.

노파심이긴 하나 평지풍파를 일으킴이라 하겠으니 어쩌랴.

조주 차를 권하오.

하. 하. 하.

1142칙 같이 사람을 위해 주지하기는 어려우니라

 본 칙

금봉 선사가 대중에게 보이고 말하였다.

"일에 임해서는 함과 뚜껑이 맞듯 하고, 이치에 응해서는 화살촉과 화살촉이 맞부딪치듯 응한다. 누군가가 말할 수 있으면 금봉이 절을 반으로 나누어 그에게 주지를 하게 하리라."

어떤 선승이 나와서 절을 하자 금봉 선사가 말하였다.

"쉬고 쉬어라. 서로 보기는 쉬워도, 같이 사람을 위해 주지하기는 어려우니라."

金峯 示衆云 事存函盖合 理應箭鋒拄 若人 道得 金峯 分半院與他住持 有僧出禮拜 師云 休休 相見 易得好 共住難爲人

~ 천동각 선사가 이 칙을 들고 말하였다.

  큰 상금을 내걸었으니 반드시 용맹한 장부가 있어야 할 터인데, 그 선승은 흉내를 내 얻으려 했고, 금봉은 도리어 달갑지 않게 여겼다. 그러나 조개와 황새가 서로 싸우다가 모두 어부의 손에 들어간 꼴임을 아는가?[4] 만일에 함과 뚜껑, 화살촉과 화살촉을 가려내듯 했다면 금봉은 온 절을 두 손으로 내어 주었을 것이니라.

  天童覺 拈 重賞之下 必有勇夫 這僧 擬乎强取 金峰 又却不甘 還知
蚌鷸相持 盡落漁人之手麽 若也辨得函盖箭鋒 金峯一院 兩手分付

---

4) 원문의 방휼상지(蚌鷸相持)는 도요새가 조개의 살을 쪼아 먹으려는 순간 조개가 도요새의 부리를 꽉 물어서 서로 팽팽하게 싸우는 사이에 지나가던 어부가 두 마리를 다 잡았다는 고사이다.

～ 삽계익 선사가 이 칙을 들고 말하였다.

  도도하게 굴더니, 용머리에 뱀꼬리가 되었구나. 어째서 같이 살아
도 사람을 위하기는 어렵다 하였던가?
  그 선승이 들쭉날쭉할 때를 기다려 내쫓았더라면 그에게 절을 반
나누어 주게는 되지 않았으리라.

  雪溪益 拈 老老大大 龍頭蛇尾 說什麼共住難爲人 待這僧參差 打了
趕出 也未到被伊分却半院

대원 문재현은 이 칙을 모두 들고나서 이르노라.

그때 불법의 자비가 없지는 않았으나 한 대 때렸어야 했다.
험.

1143칙 언제 조주를 떠난 적이 있던가

본 칙

금봉 선사가 어떤 선승에게 물었다.

"어디서 떠났는가?"

선승이 대답하였다.

"조주입니다."

금봉 선사가 다시 물었다.

"조주 선사는 누구의 법을 이었는가?"

선승이 대답하였다.

"남전 선사의 법을 이었습니다."

금봉 선사가 다시 물었다.

"그대가 언제 조주를 떠난 적이 있던가?"

선승이 말하였다.

"화상의 뜻이 어디에 있습니까?"

금봉 선사가 대답하였다.

"조주 선사가 진실로 남전 선사를 이었느니라."

그 선승이 저녁이 되자 물었다.

"오늘 화상의 자비를 입었으나 저는 아직 알지 못하겠습니다. 바라옵건대 다시 지시해 주십시오."

금봉 선사가 말하였다.

"네가 딴 곳에 가거든 나중의 말을 금봉이 말했다고 하지 말라."

선승이 말하였다.

"어째서 그렇습니까?"

금봉 선사가 말하였다.

"조주 선사를 욕되게 할까 두려워서니라."

金峯 問僧 發足何處 僧云 趙州 師云 趙州 法嗣何人 僧云 南泉 師云 你何曾離趙州 僧云 未審和尙尊意如何 師云 趙州 實嗣南泉 其僧至晩 請益云 今日蒙和尙慈悲 某甲 未會 請和尙 指示 師云 你仰若到別處 莫道後語是金峯底 僧云 爲甚麼如此 師云 恐辱他趙州

◌ 백운병 선사가 이 칙을 들고 말하였다.

말 이전에 거두고, 말 뒤에 죽이니, 지혜의 눈이 면밀하고 밝은 이가 아니면 여기에 이르러 어떻게 가려내랴. 조주 선사가 진실로 남전 선사를 이었거늘 금봉 선사는 어째서 조주 선사를 욕되게 할까 두렵다고 했을까?
구름 속의 기러기를 보지 않고서 어찌 사막 변방의 추위를 알리.

白雲昺 拈 言前收句後殺 若非智眼精明 到此如何辨別 只如趙州 實嗣南泉 金峯 因什麼 却道恐辱他趙州 不覩雲中鴈 焉知沙塞寒

대원 문재현은 이 칙을 모두 들고나서 이르노라.

"조주 선사는 누구의 법을 이었는가?" 할 때 "조주의 법을 이었습니다." 했어야 했느니라.

1144칙 내가 들어 보일 것 같으면

 본 칙

금봉 선사가 말하였다.

"내가 들어 보일 것 같으면 남의 입술에 오르내릴까 걱정이요, 내가 들어 보이지 않을 것 같으면 그것도 남의 웃음거리가 될까 걱정이다."

어떤 선승이 나서려 하자마자 금봉 선사가 바로 방장으로 돌아갔다.

저녁에 그 선승이 앞의 이야기를 들어 묻자, 금봉 선사가 말하였다.

"마치 돈을 잃고 벌 받는 꼴이구나."

金峰 云 我若擧 又恐掛人脣吻 若不擧 又恐遭人怪笑 有僧 纔出 師便歸方丈 至晚 僧 請益前話 師云 大似失錢遭罪

∽ 육왕심 선사가 이 칙을 들고 말하였다.

옛사람이 옳기는 옳으나 너무나 담이 작았다. 현녕(顯寧)은 들어
보이면 그대를 여러 사람에게 다 알리기를 바라고, 들어 보이지 않
아서는 그대가 여러 사람을 다 알기를 바란다.
홀연히 사람이 있어 나선다면 그에게 주장자를 주리라.

育王諶 拈 古人 是則是 只是大殺小膽 顯寧 擧則要你諸人知 不擧
則要你諸人會 忽若有個漢 出來 便與你柱杖子

대원 문재현은 이 칙을 모두 들고나서 이르노라.

금봉 선사는 그 선승이 앞의 이야기를 들어 물었을 때 세 대를 때렸어야 웃음거리가 되지 않았다.

1145칙 금잔에 가득한 술을 단번에 마셨을 때

 본 칙

금봉 선사에게 어떤 선승이 물었다.
"금잔에 가득한 술을 단번에 마셨을 때가 어떠합니까?"
금봉 선사가 대답하였다.
"깊이 취함을 이길 수 없느니라."

金峰 因僧問 金杯滿酌時如何 師云 不勝酩酊

장산전 선사 송

금잔에 가득한 술을 단번에 마셔 안색이 바뀐다 해서
어찌 등등한 큰 산을 잃어버림이랴
정절⁵⁾인들 어떻게 이 맛을 알았으랴
취석⁶⁾만이 어지러운 구름 사이 공연히 남아 있구나

蔣山泉 頌
金杯滿酌易酡顔
豈止騰騰失大山
靜節何曾知此味
空留醉石亂雲間

---

5) 정절(精節) : 시인 도연명. 도잠의 아호
6) 취석(醉石) : 도연명이 살던 마을의 두 산 사이에 있는 큰 돌. 폭포를 올려다보는 자
   리에 10여 명이 앉아서 술을 나눌 만해서 취석이라 불림.

대원 문재현은 이 칙을 모두 들고나서 이르노라.

"금잔에 가득한 술을 단번에 마셨을 때가 어떠합니까?" 했을 때
대원이라면 "어떠하냐?" 했을 것이다.

1146칙 사해가 평온하고 청정할 때

 본 칙

금봉 선사에게 어떤 선승이 물었다.
"사해가 평온하고 청정할 때 어떠합니까?"
금봉 선사가 대답하였다.
"아직 섬돌 밑의 사람[7]이구나."

金峰 因僧問 四海晏淸時如何 師云 猶是階下漢

---

7) 원문에 개하한(階下漢)이라고 되어 있다. 이는 아직 입문하지 못한 사람, 여기에서
　 는 깨닫지 못한 사람을 말한다.

∽ 단하순 선사 송

사해의 연기와 티끌, 이미 고요함이여
행랑의 밝은 달빛 싸늘하게 사람을 비추누나
큰 공이 장군에게 상으로 내려질 일 없으니
보배말, 금창도 쓸모없는 구경거리가 되어 있네

丹霞淳 頌
四海煙塵已晏然
當軒皓月照人寒
大功不賜將軍賞
寶馬金鞭頓懶觀

대원 문재현은 이 칙을 모두 들고나서 이르노라.

　당시 나라면 선승이 "사해가 평온하고 청정할 때 어떠합니까?"
할 때 "사실대로만 전하라." 했을 것이다.

1147칙 나는 이 이야기가 두루 퍼지기를 바라느니라

 본 칙

  금봉 선사에게 어떤 선승이 문안을 왔는데 갑자기 멱살을 붙잡고 말하였다.

  "다른 사람한테는 이야기하지 말라. 나에게 한 가지 기특한 인연이 있는데 들어 보이라 하면 그대와 같다 하리라."

  선승이 귀를 기울이는 시늉을 하자 금봉 선사가 한 대 때리니, 선승이 말하였다.

  "화상께서는 어째서 저를 때리십니까?"

  금봉 선사가 말하였다.

  "나는 이 이야기가 두루 퍼지기를 바라느니라."

  金峯 因僧問訊次 乃擒住云 輒不得向別人道 我有一則奇特因緣擧似你 僧 便作聽勢 師便打一摑 僧云 和尚爲什麼却打某甲 師云 我要此話大行

◌ 대각련 선사 송

은은한 우레소리에 겨울잠 자는 벌레는 깨지 않는데
무거운 천둥벼락에 마른 풀뿌리 살아나네
고운 비늘 물고기 아직 세 계단 물결을 뛰어넘지 못하니
도리어 아가미가 햇볕에 말려지는 꼴, 곁에서 보는 이를 웃게 하네

大覺璉 頌
隱隱雷聲蟄未開
重轟霹靂動枯荄
纖鱗未跳三層浪
却使傍觀笑曝腮

대원 문재현은 이 칙을 모두 들고나서 이르노라.

　"다른 사람한테는 이야기하지 말라. 나에게 한 가지 기특한 인연이 있는데 들어 보이라 하면 그대와 같다 하리라." 할 때 그 선승은 차 한 잔 드렸어야 했다.
　험.

1148칙 조산은 같지 않느니라

🪷 본 칙

무주 조산 혜하 요오 대사에게 어떤 선승이 물었다.
"부처님께서 세상에 나타나시기 전이 어떠합니까?"
조산 선사가 대답하였다.
"조산은 같지 않느니라."
선승이 다시 물었다.
"세상에 나타나신 뒤엔 어떠합니까?"
조산 선사가 대답하였다.
"같지 않은 조산이니라."

撫州曹山慧霞了悟大師 因僧問 佛未出世時如何 師云 曹山不如 僧
云 出世後如何 師云 不如曹山

∽ 투자청 선사 송

달이 푸른 산에 숨으니, 서기(瑞氣)가 높고
붉은 봉황이 오동나무에 숨어 지그시 눈을 감고 한가롭다
까닭없이 돌말[石馬]이 못 밑을 지나니
진흙용 놀라 뛰어 바닷물을 뒤집는다

投子青 頌
月隱青山瑞氣高
梧藏丹鳳覰無寥
無端石馬潭中過
驚怒泥龍飜海潮

∽ 투자청 선사가 다시 상당하여 이 칙을 들고 말하였다.

 옛사람이 일시에 수월하게 말해버렸으나 묘봉 정상에 한 사람이
있으니 전혀 긍정하지 않는 줄을 알아야 된다.
 조산이 이렇게 말했는데 여러분은 이 사람을 알겠는가? 만일 모
른다면 산승이 그대들을 위해 설파하리라.
 (말없이 보이고)
 차라리 혀를 끊을지언정 나랏이름을 범하지 않느니라.

 又上堂擧此話云 古人 道則一時閑道了也 須知妙峯頂上 有一人 大
不肯 曹山與麼道 諸人 還識此人麼 若不識 山僧爲你諸人道破 良久
云 寧可截舌 不犯國諱

∽ 천동각 선사가 이 칙을 들고 말하였다.

부처와 조산 선사가 손과 주인으로서 엇바뀌었구나. 세상에 나옴과 나오지 않음은 각각 한쪽 눈을 갖춤일세. 길이 다니기만 하고 머무르지 않음이 아직 없었는데, 길이 머물러 다니지 않음을 알겠는가?
깊은 골짜기는 열고 닫는 뜻에 구애됨이 없고, 자유자재하다면 어찌 양쪽 머리에 걸리는 사람이랴.

天童覺 拈 佛與曺山 賓主互換 出世不出世 各具一隻眼 未有長行而不住 長住而不行 還會麽 幽洞 不拘開鎖意 縱橫那涉兩頭人

ᑕ 천동각 선사가 다시 상당하여 이 칙을 들고 말하였다.

부처와 조산 선사가 하나가 나오면 하나는 들어가서 가위 머리를
집어들어 꼬리를 만들고, 꼬리를 집어들어 머리를 만든다 하겠으나
자세히 살피건대 저 조산 선사는 끝내 세상에 나오지 못했도다.
각 상좌가 오늘 가풍을 무너뜨리려는 것이 아니라 저 일을 떠맡
고자 하는 것이다. 여러분에게 묻노니 말해보라. 따로이 어떤 좋은
수가 있겠는가?
(잠잠히 있다가)
흰 소가 근원 없는 물을 다 마셔버리고, 날이 새자 바람을 타고
옥관문을 지나간다.

又上堂擧此話云 佛與曹山 一出一沒 可謂拈頭作尾 拈尾作頭 子細
看來 是他曹山 終是不出世 覺上座 今日 不是顚敗家風 且要荷擔底
事 敢問諸人 且道 別有甚麼長處 良久云 白牛飮盡無源水 天曉乘風
過玉關

∽ 백운연 선사가 상당하여 이 칙을 들고 말하였다.

만일 세상 이치로 관찰한다면 조산 선사가 스무 방망이를 맞아야 합당하고, 만일 조사의 도리로 관찰한다면 백운도 스무 방망이를 맞아야 합당하다.

그러나 방망이 끝에 눈이 있다면, 두 사람 중에 한 사람은 전부 긍정하고, 한 사람은 전혀 긍정치 않는다 할 것이니, 누군가가 점 검해내면 그는 반쪽 눈을 갖추었다고 허락하리라.

白雲演 上堂擧此話云 若以世諦觀之 曹山合喫二十棒 若以祖道觀 之 白雲 合喫二十棒 然雖如是 棒頭有眼 兩人中一人 全肯 一人全不 肯 若人點檢得出 許你具半隻眼

∽ 송원 선사가 상당하여 이 칙을 들고 말하였다.

자기를 굽혀 남에게 양보하더니, 기교를 너무 부리다 도리어 졸렬함에 빠졌구나. 세상에 나오니 세상에 나오기 전이니 하면 이것은 허공에 못을 박는 격이어서, 조산 선사에게 끝없는 허물이 있고, 야부에게도 끝없는 허물이 있다.
그대들은 점검해내겠는가?
첫째는 동녘 동(東)이요,
둘째는 겨울 동(冬)이며,
차수한 손이 가슴에 닿는다.

松源 上堂擧此話云 輚己讓人 弄巧成拙 出世未出世 虛空裏釘橛 曹山 有沒量罪過 冶父 亦有沒量罪過 汝等諸人 還檢點得出麼 一東二冬 叉手當胸

대원 문재현은 이 칙을 모두 들고나서 이르노라.

　당시 이 사람이라면 "부처님께서 세상에 나타나시기 전이 어떠합니까?"에 "험." 하고, "세상에 나타나신 뒤엔 어떠합니까?"에도 "험." 했을 것이다.
　앞의 '험'과 뒤의 '험'이 같다 하겠는가, 다르다 하겠는가?
　가려내보라.

1149칙 절하지 않고 다시 어느 때를 기다리는가

 본 칙

무주 하옥산 현오 광혜 선사에게 어떤 선승이 물었다.
"어떤 것이 조사께서 서쪽에서 오신 적적한 뜻입니까?"
광혜 선사가 대답하였다.
"절하지 않고 다시 어느 때를 기다리는가?"

撫州荷玉山玄悟光慧禪師 因僧問 如何是西來的的意 師云 不禮拜
更待何時

∽ 단하순 선사 송

적적한 빈 집에 밤이 깊고 찬데
옥거문고 들고서 달빛 아래 퉁기네
소리도 모르는 이가 공연히 곁에서 듣기만 하니
비풍곡, 유수곡[8]인들 무슨 소용이랴

丹霞淳 頌
虛堂寂寂夜深寒
携得瑤琴月下彈
不是知音徒側耳
悲風流水豈相干

---

8) 비풍곡, 유수곡 : 원문에 비풍유수(悲風流水)라고 되어 있는데, 비풍과 유수 둘 다
유명한 옛 거문고 곡조이다.

대원 문재현은 이 칙을 모두 들고나서 이르노라.

　이 사람에게 어떤 이가 "어떤 것이 조사께서 서쪽에서 오신 적적한 뜻입니까?"라고 물었다면 "더 말해서 무엇하랴."라고 했을 것이다.
　광혜 선사가 "절하지 않고 다시 어느 때를 기다리는가?"라고 한 것과 같다 하겠는가, 다르다 하겠는가?
　한마디 일러들 보라.

1150칙 생각으로 헤아릴 수 없는 곳

 본 칙

촉천 서선 선사에게 어떤 선승이 물었다.
"어떤 것이 생각으로 헤아릴 수 없는 곳입니까?"
서선 선사가 대답하였다.
"누가 허공이 밤에 고개 끄덕이는 모습을 보았는가?"

蜀川西禪禪師 因僧問 如何是非思量處 師云 誰見虛空夜點頭

∽ 단하순 선사 송

한 점의 신령스런 밝음은 여섯으로 거둘 수 없어
분명커늘 다시 어찌 두리번거릴 필요 있으랴
그 경지의 소식 사람에게 맡기기 어려워라
허공만이 남몰래 고개를 끄덕인다

丹霞淳 頌
一點靈明六不收
昭然何用更疑眸
箇中消息人難委
獨有虛空暗點頭

대원 문재현은 이 칙을 모두 들고나서 이르노라.

　이 사람이라면 서선 선사처럼 구구하게 말하지 않고 "이렇느니라." 했을 것이다.

1151칙 한 조각 가없는 광채

 본 칙

양주 녹문산 화엄원 처진 선사가 다음의 게송을 대중에게 보였
다.

한 조각 가없는 광채가 찬란하니
헤아려 망설여서 뒤쫓아 찾으면 끝내 보지 못한다
환하게 던져서 사람의 본성을 열어주어
큰일을 분명하게 모두 가려냈네
쾌활하고도 얽매임이 없음이여
만량의 황금으로도 바꿀 수 없어라
천 성인이 머리를 들고 나오더라도
모두가 그의 그림자 속에서 나타남일세

襄州鹿門山華嚴院處眞禪師 示衆偈曰 一片凝然光璨爛 擬議追尋卒
難見 炳然擲着豁人情 大事分明皆撿辦 是快活無繫絆 萬兩黃金終不
換 任他千聖出頭來 惣是向渠影中現

၆ 영원청 선사가 이 칙을 들고 말하였다.

　이런 말은 흡사 거지가 일찍이 꿈에 용궁에 갔다가 깬 뒤에 가슴을 치고 부귀를 자랑하는 것 같다. 비록 그러나 도달한 이라야 비로소 안다. 지금 여러분은 어느 경계 가운데에 있는가?"

　靈源淸 擧此話云 伊麽說話 大似乞兒曾夢到龍宮 省後點胸誇富貴 然雖如是 到者方知 祇如諸人 現今在什麽境界中

대원 문재현은 이 칙을 모두 들고나서 이르노라.

이 칙의 도리를 속속들이 알고 싶은가?

한 조각의 가없는 광채는
이른 봄 흰 목련이 누설하고

쾌활하고 얽매임 없음은
부연 끝 저 바람이 일러줌에

이대로 삼세의 부처님과
어우러져 누림이 좋고 좋네

1152칙 붉은 살덩이 위에 천 길의 절벽이 섰느니라

 본 칙

여주 보응 혜옹 선사가 상당하여 말하였다.

"붉은 살덩이 위에 천 길의 절벽이 섰느니라."

어떤 선승이 물었다.

"붉은 살덩이 위에 천 길의 절벽이 섰다 한 것이 화상의 말씀이 아닙니까?"

혜옹 선사가 말하였다.

"그러하니라."

선승이 곧장 선상을 흔들어 쓰러뜨리자, 혜옹 선사가 말하였다.

"그대는 이 눈먼 놈이 난리치는 꼴을 구경하라."

선승이 어리둥절하자, 혜옹 선사는 그를 때려 절 밖으로 내쫓았다.

(혜옹 선사는 남쪽 선원에 살았다.)

汝州寶應慧顒禪師上堂云 赤肉團上 壁立千仞 時有僧問 赤肉團上

壁立千仞 豈不是和尙道 師云 是 僧 便掀倒繩床 師云 你看這瞎漢亂
做 僧 擬議 師便打出院(師住南禪院)

∽ 운문고 선사 송

붉은 살덩이 친한 쓸이여
주인과 객의 이치가 있으나 각각 펴기는 어렵다네
두 마리 낙타 서로 만남이여
지금의 세상에는 바른 사람이 없도다

雲門杲 頌
赤肉團邊用得親
主賓有理各難伸
兩个駝子相逢着
世上如今無直人

∽ 죽암규 선사 송

손바닥에 해를 받들고
혀 위에 쇠돈을 쌓는다
천 길 절벽이 서 있다 함을 결판함이여
한 줄기 광명이 범천까지 뚫었다

竹庵珪 頌
掌中擎白日
舌上覆金錢
壁立爭千仞
毫光徹梵天

ᑌ 운문고 선사가 이 칙을 들고 말하였다.

내가 이제 그대들의 이 일을 잘 보림케 했으니, 끝내 헛되게 말
라.

雲門杲 拈 我今爲汝保任此事 終不虛也

∽ 송원 선사가 상당하여 이 칙을 들고 말하였다.

그 선승은 한결같이 소심했으나 대담하게 굴었고, 남원 노인은
자식을 기르려는 것이었다.

松源 上堂擧此話云 這僧 一味小心 放大膽 南院老 也是養子之緣

대원 문재현은 이 칙을 모두 들고나서 이르노라.

"그대는 이 눈먼 놈이 난리치는 꼴을 구경하라."라고 할 때 빨리
할을 하고 나와버렸어야 했다.

1153칙 위로부터의 여러 성인이 어디로 갔습니까

 본 칙

남원 선사에게 어떤 선승이 물었다.

"위로부터의 여러 성인이 어디로 갔습니까?"

남원 선사가 대답하였다.

"천당에 오르지 않으면 곧바로 지옥으로 들어갔느니라."

선승이 다시 물었다.

"화상께서는 어떠십니까?"

남원 선사가 대답하였다.

"그대는 보응 노인의 낙처(落處)를 알겠는가?"

선승이 입을 열려고 망설이자 남원 선사가 쏜살같이 불자로 입을 후려갈기고, 다시 선승을 불러 앞에 가까이 오라 하고 말하였다.

"법령에 일치함이 너의 행해야 할 일이거늘…"

다시 불자로 한 번 때렸다.

南院 因僧問 從上諸聖 什麽處去 師云 不上天堂 卽入地獄 云和尙

作麼生 師云 你還知寶應老落處麼 僧 擬議 師以拂子 驀口打 復喚僧
近前云 令合是汝行 又打一拂子

∽ 설두현 선사가 이 칙을 들고 말하였다.

법령을 이미 스스로 행하였거늘 아직 불자가 온 곳을 모르는구나. 설두는 그를 장님이라고 하노니, 눈[雪] 위에 서리를 더하고 있는 것이다.

雪竇顯 拈 令旣自行 且拂子 不知來處 雪竇 道个瞎 且要雪上加霜

ᐰ 황룡심 선사가 이 칙을 들고 말하였다.

그렇다면 백옥⁹⁾의 티도 갈 수 있고, 고황에 든 병도 고칠 수 있겠
구나. 그 선승은 법령이 이미 자기 손에 있었거늘 어째서 시행치
못했는가? 허물이 어디에 있는가?

黃龍心 拈 然則白珪之玷 猶尙可磨 病在膏肓 亦宜救療 者僧 令旣
在手 爲什麽不行 過在甚處

---

9) 백옥 : 원문에 백규(白珪)라고 되어 있는데, 규(珪)는 문무백관이 황제에게 인사할
   때 손에 들고 있는 존비와 신분을 상징하는 패이다. 이것은 옥으로 되어 있다.

⌒　운문고 선사가 이 칙을 들고, 이어 설두 선사가 이 칙을 들어
말한 것을 들고 말하였다.

　임제 선사의 삼현(三玄), 삼요(三要)를 저울질하는 이는 남원이라야
될 수 있다.
　설두는 어째서 불자가 온 곳을 모른다고 하였는가?
　묘희는 그 역시 '장님'이라 하노니, 둘이서 서로 만나게 하려 함
이니라.

　雲門杲 擧此話 連擧雪竇拈 師云 權衡臨濟三要三玄 須還南院 始得
雪竇 爲什麽 却道拂子不知來處 妙喜 亦道个瞎 且圖兩得相見

대원 문재현은 이 칙을 모두 들고나서 이르노라.

  남원의 지도가 그른 것은 아니나 선승의 묻는 말이 끝나기가 바쁘게 한 대 때렸더라면 그에게 큰 도움이 되었을 것을 어지럼만 더하게 하였다.
  험.

1154칙 추위와 더위에 관계되지 않는 것

 본 칙

남원 선사에게 어떤 선승이 물었다.

"해와 달이 바뀌고, 추위와 더위가 번갈아 변하는데, 추위와 더위에 관계되지 않는 것이 있습니까?"

남원 선사가 말하였다.

"자줏빛 비단두건이요, 수놓은 허리띠니라."[10]

다시 물었다.

"상상(上上)의 근기는 지금 당장 알겠지만 중하의 근기는 어떻게 깨달아 알 수 있겠습니까?"

남원 선사가 대답하였다.

"숯더미 속에 몸을 숨긴다."

南院 因僧問 日月 迭遷 寒暑交謝 還有不涉寒暑者麼 師云 紫羅抹額繡裙腰 進云 上上之機 今已曉 中下之徒 如何領會 師云 炭堆裏藏身

---

10) 원문의 말액(抹額)은 두건을 말하고, 군요(裙腰)는 대신들이 찼던 넓은 허리띠이다.

◌ 황룡남 선사가 상당하여 이 칙을 들고 말하였다.

남원 선사가 한평생 중생을 이롭게 한 것이 병에 맞추어 약을 준
것이기는 하나 옳지는 못하다.
만일 납승의 문하에서라면 하늘과 땅 사이로 동떨어진 짓이다.
말해보라. 납승에게 무슨 뛰어난 점이 있는가?
돌!

黃龍南 上堂擧此話云 南院 一期利物 應病與藥 則不可也 若向衲僧
門下 天地懸殊 且道 衲僧 有什麽長處 咄

～ 불인청 선사가 상당하여 이 칙을 들고 말하였다.

저 남원 옛 부처를 보라. 천 겹의 문을 쳐부숴 열고서 만 섬의 구슬을 당장에 모두 쏟아놓았다. 지금 여기에 뀈 이가 있는가?
(잠잠히 있다가)
필발(畢鉢) 바위 앞에서 이야기를 그치고, 조계의 문하에서 잘 헤아려라.
(선상을 치다.)

佛印淸 上堂擧此話云 看他南院古佛 千重門戶 劈面徹開 萬斛珠璣
卽時傾盡 如今這裏 還有搆得者麼 良久云 畢鉢嵓前 休話會 曹溪門
下 好商量 擊禪床

대원 문재현은 이 칙을 모두 들고나서 이르노라.

"중하의 근기는 어떻게 깨달아 알 수 있겠습니까?" 할 때 "이 흙
덩이나 쫓는 놈아!" 하고 큰 할을 했어야 했다.

약방에 있는 모든 것이 약이나, 제대로 써야 약이 되기 때문이다.

1155칙 홀홀단신일 때

본 칙

남원 선사에게 어떤 선승이 물었다.
"홀홀단신일 때 어떠합니까?"
남원 선사가 말하였다.
"수풀 속에서 방망이로 때릴 때까지 기다릴 것인가?"

南院 因僧問 疋馬單鎗時如何 師云 且待林中斫棒

∽ 숭승공 선사 송

필마와 단창을
누가 자세히 헤아릴 줄 알꼬?
자기는 비록 급박하다 하나
다른 이는 바쁜 것을 긍정하지 않는다

崇勝珙 頌
疋馬與單鎗
誰解細思量
自己雖然急
他人未肯忙

대원 문재현은 이 칙을 모두 들고나서 이르노라.

"홀홀단신일 때 어떠합니까?"라고 이 사람에게 어떤 이가 물어왔다면 "어떠하냐?" 했을 것이다.

1156칙 주장자를 선승의 얼굴 앞에 대다

 본 칙

남원 선사에게 어떤 선승이 뵈러 와서 말하였다.

"졌습니다."

남원 선사가 곧 주장자를 일으켜 그 선승의 얼굴 앞에 대니, 선승
이 말이 없자 남원 선사가 몇 대 때렸다.

南院 因僧參 乃云 敗也 師遂引杖 向其僧面前 僧 無語 師便打數棒

❧ 운봉열 선사가 이 칙을 들고 말하였다.

그 선승이 정수리에 광채가 있으나 발 밑에 칠(柒)이 있는 줄은
몰랐다. 어떻게 알아야 되겠는가?
설사 그대가 십자 네거리를 종횡한다 해도 아침에 삼천 대, 저녁
에 팔백 대를 때리리라.

雲峯悅 拈 這僧 頂上 有光 不知脚下有柒 且作麼生會 直饒你十字
縱橫 朝打三千 暮打八百

대원 문재현은 이 칙을 모두 들고나서 이르노라.

선승이 와서 "졌습니다." 할 때 때렸어야 했다.

1157칙 안에서 쪼고 겉에서 쪼는 것이 동시인 작용

🪷 본 칙

남원 선사가 어느 날, 상당하여 말하였다.

"제방에서는 안에서 쪼고 겉에서 쪼는 것이 동시인 안목만을 갖추었고, 안에서 쪼고 겉에서 쪼는 것이 동시인 작용은 갖추지 못했느니라."

어떤 선승이 물었다.

"어떤 것이 안에서 쪼고 겉에서 쪼는 것이 동시인 작용입니까?"

남원 선사가 말하였다.

"작가는 안에서 쫀다 할 것도 겉에서 쫀다 할 것도 없으니, 안에서 쫀다 하고 겉에서 쫀다 하면 동시임을 잃느니라."

선승이 다시 물었다.

"그것은 아직 제가 물은 바가 아닙니다."

남원 선사가 도리어 물었다.

"그대가 물은 곳이란 무엇인가?"

선승이 말하였다.

"잃으셨군요."

남원 선사가 때렸다.

南院 一日上堂云 諸方 只具啐啄同時眼 不具啐啄同時用 時有僧 便
問 如何是啐啄同時用 師云 作家 不啐啄 啐啄 同時失 僧云 此猶未
是某甲問處 師云 汝問處 作麼生 僧云 失 師便打

↜ 취암진 선사가 이 칙을 들고 말하였다.

앉은 자리에서 계산하여 천 리 밖의 승리를 거두게 한다.[11]
남원 선사가 비록 온전한 기틀로 적을 대적했으나 땅은 넓고 사
람은 드무니 어찌하랴.

翠嵓眞 拈 運籌帷幄 決勝千里 南院 雖則全機受敵 其奈土曠人稀

---

11) 원문의 운주유악(運籌帷幄)은 사자성어로, 장량의 일화를 말한다. 장량은 천 리 밖
   의 싸움에 대해서도 먹을 것과 장막 등의 군수품을 정확하게 맞춰줘서 언제나 싸
   움을 승리로 이끌었다.

∽ 대위철 선사가 이 칙을 들고 말하였다.

　남원 선사는 조사의 인장을 높이 들고 과감하게 주기도 하고 빼앗기도 하였고, 그 선승은 과감하게 적을 잘 막았으나 힘이 다하고 계략이 다했음이야 어쩌랴.
　지금 본분의 납자가 있는가? 있거든 나와서 대위와 만나자. 북을 치고 춤추며 소리를 지르고자 함이 아니라 종풍이 땅에 떨어지지 않게 하려는 것이다. 있는가? 있는가? 없다면 대위가 오늘 흡사 싸움터에 찾아다녔으나 공이 없는 것 같도다.

　大潙喆 拈 南院 高提祖印 縱奪當機 這僧 善能當機抗敵 爭奈力竭計窮 如今 還有本色衲僧麼 出來與大潙相見 不圖皷舞揚聲 貴要宗風不墜 有麼 有麼 如無 大潙 今日 大似索戰無功

대원 문재현은 이 칙을 모두 들고나서 이르노라.

　그 선승이 "어떤 것이 안에서 쪼고 겉에서 쪼는 것이 동시인 작용입니까?"라고 할 때 번개처럼 때렸어야 했다.

1158칙 옛 궁전이 다시 흥할 때

본 칙

남원 선사에게 어떤 선승이 물었다.
"옛 궁전이 다시 흥할 때가 어떠합니까?"
남원 선사가 대답하였다.
"명당 기와를 처마에 꽂느니라."
선승이 다시 말하였다.
"그러면 온갖 장엄이 다 갖추어졌겠습니다."
남원 선사가 대답하였다.
"풀을 깎다가 뱀의 머리만 끊게 되었구나."

南院 因僧問 古殿重興時如何 師云 明堂瓦插簷 僧云 恁麼則莊嚴畢
備也 師云 斬草蛇頭落

∽ 해인신 선사 송

주었다 빼앗았다 하는 기틀의 방편, 어찌 헤아리랴
말을 따라 알음알이를 일으킴, 진실로 가엾도다
밝아옴에 한바탕 봄바람이 일어서
뜰 안의 꽃송이, 서너 가지에서 떨어지네

海印信 頌
縱奪機權安可測
隨言生解實堪悲
曉來一陣春風起
吹落庭花三四枝

대원 문재현은 이 칙을 모두 들고나서 이르노라.

이 사람이라면 "옛 궁전이 다시 흥할 때가 어떠합니까?" 할 때 "구경을 잘 하는가?" 했을 것이다.

또한 남원 선사는 앞 답을 그렇게 했더라도 "그러면 온갖 장엄이 다 갖추어졌겠습니다." 했을 때 "돋보기 안경이 필요한 자로구나." 하고 할을 했어야 했다.

1159칙 붉은 하늘을 홀로 걸을 때

 본 칙

남원 선사에게 어떤 선승이 물었다.
"붉은 하늘을 홀로 걸을 때가 어떠합니까?"
남원 선사가 대답하였다.
"네 무리에 둘러싸였느니라."
선승이 다시 물었다.
"네 무리가 둘러싼 것이 지난 뒤엔 어떠합니까?"
남원 선사가 대답하였다.
"경 읽는 소리가 끊어진 곳에서 때리느니라."

南院 因僧問 丹霄獨步時如何 師云 四衆 圍繞 進云 四衆圍繞過時
如何 師云 梵聲絶處打

∽ 숭승공 선사 송

붉은 하늘 혼자 걷는 일, 괴이하게 여길 것 없으나
네 무리에 둘러싸였다 함, 몇 사람이나 알까
경을 읽는 소리가 끊어진 곳이라 함에 다시 웃음을 견뎌야 하니
편의를 얻는다는 것이 편의를 잃게 되기 때문이네

崇勝珙 頌
獨步丹霄謂無疑
四衆圍繞幾人知
梵聲絶處更堪笑
得便宜是失便宜

대원 문재현은 이 칙을 모두 들고나서 이르노라.

어진 말은 채찍 그림자만 보아도 천 리를 달린다 했다. 알겠는가?

하얀 눈, 아직 쌓인 그 속에
매화 홀로 향기를 뿜어내고

어미 품의 병아리 조는데
집고양이 장난을 거는구나

모두가 화평스런 이 풍경에
무현금 한 곡조가 좋고 좋다

1160칙 한 방망이

 본 칙

남원 선사가 풍혈[12]에게 물었다.

"남방에서는 한 방망이를 어떻게 헤아리던가?"

풍혈이 대답하였다.

"뛰어나고 특별하다고 헤아립니다."

풍혈이 도리어 남원 선사에게 물었다.

"여기에서는 어떻게 헤아립니까?"

남원 선사가 주장자를 가로로 들고 말하였다.

"방망이 아래의 무생법인이여, 기틀을 맞아서는 스승이라고 볼 것도 없다."

南院 問風穴 南方一棒 作麼生商量 穴云 作奇特商量 穴 却問師 此間 作麼生商量 師拈柱杖橫按云 棒下無生忍 臨機不見師

---

12) 풍혈 : 남원 선사의 제자.

∽ 운문고 선사의 문답

운문고 선사가 이 칙을 들고 말하였다.

"풍혈이 그때에 방석을 활짝 펴고, 세 번 절을 했어야 할 것이다. 그렇지 않으면 선상을 흔들어 쓰러뜨렸어야 할 것이다."

운문고 선사가 충밀을 돌아보면서 말하였다.

"그대 말해보라. 풍혈이 그때에 절을 했어야 옳은가, 선상을 흔들었어야 옳은가?"

충밀이 대답하였다.

"좀도적이 크게 패하였습니다."

운문고 선사가 말하였다.

"이 눈먼 놈을 보겠나."

운문고 선사가 곧바로 때렸다.

雲門杲 拈 風穴 當時 好大展坐具 禮三拜 不然 與掀倒禪床 乃廻顧
冲密曰你道 風穴當時 禮拜卽是 掀倒禪床 卽是 冲密 云 草賊大敗
師云 你看遮瞎漢 便打

∽ 공수 화상이 상당하여 이 칙을 들고 말하였다.

이 두 큰스님의 이런 분별이 우리 임제 선사의 가풍을 망쳤다.
누군가가 보수에게 "한 방망이를 어떻게 헤아립니까?"라고 물으
면 다만 그에게 "아이고! 아이고!" 하기만 하리라.

空叟和尙 上堂擧此話云 二大老 伊麽商量 喪我臨濟門風 或問保壽
一棒 如何商量 只向他道 蒼天蒼天

대원 문재현은 이 칙을 모두 들고나서 이르노라.

풍혈 선사는 "남방에서는 한 방망이를 어떻게 헤아리던가?" 할 때 "개가 흙덩이 쫓듯 하는 것을 가장 경계합니다." 했어야 했고 남원은 "여기에서는 어떻게 헤아립니까?" 할 때 다만 주장자만 가로로 들 뿐 뒷말이 없었어야 했다.

이런 경우를 두고 용머리에 뱀꼬리라 하는 것인저.

1161칙 한 획

 본 칙

남원 선사에게 장백회라는 유생이 찾아왔기에 남원 선사가 물었다.
"장백회[13]가 아니시오?"
유생이 대답하였다.
"과분한 말씀입니다."
이에 남원 선사가 손으로 공중에 한 획을 긋고 말하였다.
"알겠소?"
유생이 대답하였다.
"모르겠습니다."
남원 선사가 말하였다.
"하나도 모르면서 어디에서 백 가지를 안다고 하는가?"
유생이 말이 없었다.

---

13) 성명이지만 모든 것을 다 안다고 해석함도 가능함.

南院 因有儒士號張百會來謁 師問 莫是張百會麽 士云 不敢 師以手
空中一劃云 還會麽 士云 不會 師云 一尙不會 什麽處 得百會來 土
無語

∽ 법진일 선사가 이 칙을 들고 말하였다.

많은 헛된 것이 적은 실된 것만 못하니라. 그 유생은 남원 선사가 손으로 한 획을 그으면서 "알겠소?" 할 때 "화상에게 이런 요령이 있다고 들은 지 오래입니다."라고 대꾸했어야 한다.
(남원 선사의 나중 말을 대신해서 이르기를)
얼굴을 보는 것이 이름 듣는 것만 못하구나.

法眞一 拈 多虛不如小實 者漢 若見南院以手一劃云會麼 對云 久嚮 和尙 有此機要 又代南院後語云 見面 不如聞名

대원 문재현은 이 칙을 모두 들고나서 이르노라.

　남원 선사가 손으로 공중에 한 획을 긋고 "알겠소?" 할 때 장백회는 "어찌 아는 것이겠습니까?" 했어야 하거늘 손가락 끝에서 찾는 어리석음을 드러내서 무시당했구나.

1162칙 남종북조

 본 칙

남원 선사에게 어떤 선승이 물었다.

"남종과 북조[14]를 스님께서 지시해 주십시오."

남원 선사가 말하였다.

"대유령 위의 구름이요, 대행산 아래의 도적이니라."[15]

선승이 다시 물었다.

"어떻게 해야 깨달아 알리까?"

남원 선사가 대답하였다.

"유연(幽燕)의 전쟁을 평정하고, 오월에서 껄껄대고 웃느니라."[16]

선승이 다시 물었다.

"끝내 어떠합니까?"

남원 선사가 대답하였다.

"법 없이 쓴다고도 하지 말라. 가장 간절한 것은 이 신라니라."

---

14) 남종(南宗)과 북조(北祖) : 혜능과 신수의 법을 말한다.
15) 대유령은 남쪽, 대행산은 북쪽에 있다.
16) 유연은 중국의 북쪽 지방, 오월은 중국의 남쪽 지방이다.

南院 因僧問 南宗北祖 乞師垂示 師云 大庾嶺頭雲 大行山上賊 僧
云 未審如何領會 師云 幽燕平劫殺 吳越 笑呵呵 僧云 畢竟如何 師
云 莫言無法用 最苦 是新羅

ꙮ 지해청 선사가 이 칙을 들고 말하였다.

남원 노인을 보려는가?

대유령의 구름과 대행산의 도적이요, 문수의 찬탄과 유마의 침묵이다.

북조와 남종이 당장에 돌아옴이여, 유연의 전쟁 평정함을 이로부터 얻어 오월에서 껄껄대고 웃는다. 가장 간절한 것은 이 신라라 하였으나, 남원 노장이야말로 애썼으니 평생을 입 없이 소리 높여 노래하기를 제 마음대로 하였다.

智海淸 擧此話云 要見南院老漢廖 大庾雲大行賊 文殊讚歎維摩默 北祖南宗 直下歸 幽燕平劫從玆得 吳越 笑呵呵 最苦 是新羅 却是輪 他南院老 一生無口恣高歌

대원 문재현은 이 칙을 모두 들고나서 이르노라.

남원 선사는 말하기를 퍽 좋아하는 분 같다.

만일 이 사람에게 누가 "남종과 북조를 지시해 주십시오." 하면 "그렇게 묻기 전에 가장 자상했느니라." 했을 것이다.

또 "어떻게 해야 깨달아 알리까?" 하면 "묻는구나." 했을 것이다.

또 "끝내 어떠합니까?" 하면 "어찌 사람으로서 흙덩이나 쫓는 개의 후예 노릇만 하는가?" 하는 동시에 할을 했을 것이다.

1163칙 본래면목

 본 칙

진주 제2세 보수 화상이 제1세 보수의 회상에 있었는데 어느 날, 소(沼, 제1세 보수)가 물었다.

"부모가 낳기 전의 나의 본래면목을 돌려다오."

제2세 보수 화상이 어리둥절하였는데, 나중에 시장에 갔다가 두 사람이 싸우는데 한 사람이 꽉 붙들고 얼굴을 한 주먹 때리자, 맞은 이가 "네가 그렇게도 면목이 없다니." 하는 소리를 듣고 활짝 깨달았다.

鎭州第二世寶壽和尙 在先寶壽會下 一日 沼乃問 父母未生時 還我本來面目 師罔措 後在市 見二人相諍 一人 把住 劈面打一拳 彼云 你得恁麼無面目 師遂大悟

∽ 백운병 선사 송

한 주먹 때려 면목 없음을 이루니
달마의 보임도 족하지 않다네
가을 숲의 낙엽이 우수수 짐이여
육육은 뒤집어도 삼십육이 되느니라

白雲昺 頌
一拳打就無面目
碧眼胡僧觀不足
秋林黃葉落紛紛
六六飜成三十六

⌒ 백운연 선사가 상당하여 이 칙을 들고 말하였다.

누군가가 여기에서 낙처를 알면 가위 공과 사를 판별한다 하리
라. 대중들이여, 나의 한 게송을 들으라.

심히 묘하고도 심히 묘한 것
이것에서 성명(性命)을 앎일세
콧등을 한 주먹 갈겨주는
당시의 곧장 때림에서 바로잡혔네

白雲演 上堂擧此話云 若人 於此 知落處 可謂公辦私辦 大衆 聽取
一頌
　甚妙也甚妙
　於此知性命
　劈鼻與一拳
　當時便打正

～ 원오근 선사가 이 칙을 들고 말하였다.

척척 들어맞으니, 당장에 본지풍광이 드러난다.

소리에 응하고 빛에 응함이여, 당장에 실 끝만큼도 샘이 없다. 그가 말한 그렇게도 면목 없다 한 것을 도리어 알겠는가?

곤룡포 소매를 떨쳐 여니 온몸이 나타난다.

圓悟勤 拈 築着磕着 當頭 彰本地風光 應聲應色 直下 無絲毫透漏 還會他道得伊麽 無面目麽 龍袖拂開全體現

대원 문재현은 이 칙을 모두 들고나서 이르노라.

  이런 경우를 두고 어진 말은 채찍 그림자만 보아도 천 리를 달린
다 했던가. 그러나 물외한인(物外閑人)은 못 된다.
  어떤 이가 내게 "부모가 낳기 전의 나의 본래면목을 돌려다오."라
고 물으면 그 소리가 다하기도 전에 할을 하고 "사자의 수염을 건
드리는 짓은 재앙을 자초하는 것이니 방에 돌아가 차나 들라." 했
을 것이다.

1164칙 선승을 밀어내다

 본 칙

보수 선사가 개당[17]하는 날, 삼성 선사가 선승 하나를 밀어내자
보수 선사가 때리니, 삼성 선사가 말하였다.
"그렇게 사람을 위해서는 그 선승을 눈멀게 할 뿐만 아니라, 진주
성 사람들을 다 눈멀게 할 것이오."
보수 선사가 자리에서 내려왔다.
(법안 선사가 말하였다.
"어디가 남의 눈을 멀게 한 곳인가?")

保壽開堂 三聖 推出一僧 師便打 三聖曰恁麽爲人 非但瞎却者僧眼
瞎却鎭州一城人眼去在 師下座(法眼云 什麽處是瞎却人眼處)

---

17) 개당(開堂) : 첫 설법회.

∽ 대각련 선사 송

사자가 걸터앉아 위세가 당당하니
여우가 어떻게 어지러운 자취를 드러내랴
성에 가득한 용의 눈을 밟아 눈멀게 함을 당해서
몸을 뒤집어 푸른 이끼 긴 바위 속에 돌아가 숨었구나

大覺璉 頌
狻猊踞坐氣雄雄
九尾那堪顯亂蹤
滿郡龍睛遭蹋瞎
飜身歸隱碧嵓中

∽ 황룡남 선사 송

보배꽃 왕 자리에 처음 오를 적에
삼성이 선승 밀어내 대중 의심 풀려 했네
방망이엔 분명히 노소가 없음을
천하의 저 소경들, 몇이나 알까나

黃龍南 頌
寶花王座始登時
三聖推僧決衆疑
棒頭分明無老少
天下盲人幾箇知

◌ 진여철 선사 송

법안으로 가져온 것 누구에게 줄 것인가
삼성이 선승을 밀어내어 대중의 의심을 풀려 했네
장군 영이 떨어지자 무리가 소란스럽고
당장에 소경이란 소문이 사해에 가득했네

眞如喆 頌
法眼持來付與誰
三聖推僧決衆疑
將軍令擧群夫駭
直得盲聲徹四夷

◌ 보녕용 선사 송

검고 흰 바둑돌, 분명하게 착착 놓는 뛰어남
일 없이 구경하며 엿보는 데 맡겨두네
신선의 이러한 묘한 솜씨 빼고는
다시 누가 그들과 겨룰지 모르겠네

保寧勇 頌
黑白分明着着奇
任他閑漢畔頭窺
不知除此神仙手
更有何人敵得伊

◌ 진정문 선사 송

돌 부딪치는 불빛에서 번개처럼 모습을 가려냄이여
성난 우레 따라 건곤이 진동한다
귀먹고, 눈먼 사람 셀 수가 없으니
은혜 알아 보답할 이 누구인고

眞淨文 頌
石火光中電影分
怒雷隨振動乾坤
耳聾眼瞎人無數
誰是知恩解報恩

∽ 진정문 선사가 다시 송하였다.

전령꾼이 달려왔는데 어찌 방망이를 내리는고
눈먼 사람이 진주성에 가득하게 되었네
태평은 원래가 장군이 이룩하나
장군은 태평을 볼 수 없다 했던가

又頌
探騎飛來棒下寧
瞎人鰡滿鎭州城
太平本是將軍致
不許將軍見太平

◌ 불타손 선사 송

수미산을 꺾어 넘어뜨려 대천 밖으로 던지니
오호의 납자들이 모두 다 어리둥절하였네
진주의 수없는 사람들을 눈멀게 하리라 한
이로부터 희소식이 사해에 퍼졌네

佛陀遜 頌
拗轉須彌擲大千
五湖衲子盡茫然
鎭州眼瞎人無數
從此嘉聲四海傳

∽ 설두녕 선사 송

종풍을 떨치려면 반드시 이런 큰 망치라야 하니
벽력같은 교화의 힘 어찌 가히 잡아매랴
보배검을 한 번 휘둘러 모두 간담 잃게 하매
온 성 안의 사람들 눈멀게 하리라 함, 드물게 뛰어나네

雪竇寧 頌
振宗須是大鉗鎚
霹靂風威豈可羈
寶釰一揮群膽失
滿城人瞎更希奇

∽ 불인청 선사 송

보수가 법당을 여는 날 처음 자리에 오름에
때 맞춰 삼성이 선승 하나를 밀어냄이여
사람사람마다 눈멀게 하리라고 한 뜻을 알겠는가
조계산 혜능노장에게 묻는 것이 좋겠네

佛印淸 頌
保壽開堂座始登
當時三聖便推僧
要知打瞎人人眼
好向曹溪問老能

∽ 삽계익 선사 송

칼날에 맞서 온전한 기개를 아끼지 않음이여
강한 적은 역시 작자라야 알걸세
국경이 조용하니 무쇠말 놓아 먹임이여
눈먼 나귀를 예로부터 타는 이 드물더라

雪溪益 頌
當鋒更不惜全機
勍敵須還作者知
鐵馬放閑沙塞靜
瞎驢千古小人騎

∽ 숭승공 선사 송

보수가 자리에 오르자
삼성이 선승을 밀어냄이여
조사의 법령을 시행하려다
뭇 눈에 가리움만 더했네
설사 천 리의 준마요
만 리의 붕새라도
구름과 물이 첩첩한 밖에
다시 또 겹겹의 고개로세

崇勝珙 頌
保壽座才登
三聖推出僧
祖令當行也
衆眼翳還增
縱待千程驥
從教萬里鵬
重重雲水外
更有嶺層層

∽ 운문고 선사 송

수미산 끌어 일으켜 한 차례 침이여
번개빛, 돌 부딪치는 불빛도 너무 늦고 늦은 걸세
코끼리 다니는 곳에 여우 자취 없고
사자가 영각하니 모든 짐승 두려워하네

雲門杲 頌
提起須彌第一槌
電光石火大遲遲
象王行處狐蹤絶
師子咆哮百獸危

∽ 죽암규 선사 송

방망이 끝이 한 성의 사람들을 눈 멀리리라
삼성이 싸움을 걸어오니 보수는 눈 부릅떴다
바른 법령 단지 반만 일으켰을 뿐이니
한 소경이 뭇 소경 끌고 가네

竹庵珪 頌
棒頭瞎却一城人
三聖撩他保壽瞋
正令只堪提一半
一盲引得衆盲行

∽ 백운병 선사 송

나라 안에는 천자의 조칙이요
변방에선 장군의 명령이라
만 리에 티끌 연기 쓸어버린
당당한 위풍을 견줄 데 없어라
굽은 가운데 곧고 세밀한 가운데 거침이여
남의 눈 멀게 할 것이라 한 것은 정말 지략일세
선상을 흔들어 쓰러뜨리고 범의 수염 잡음이나
사람이 평온하면 말이 없고 물은 평탄하면 흐르지 않는다네
검 잃은 지 오래거늘 뱃전에 새기는 헛수고구나
칼자루를 손에 쥐었으니 죽이고 살리는 것이 마음대로여서
대장부 자유로세

白雲昺 頌
寰中天子勅
塞外將軍令
萬里掃煙塵
威雄難比並
曲中直細中麤

瞎却人眼眞作略
掀倒禪床捋虎鬚
人平不語水平不流
釘去久矣徒勞刻舟
權柄在手專殺活
大丈夫兮得自由

∞ 열재 거사 송

한 번 밀어내고 한 번 때림이여
귀머거리인 척, 벙어리인 척
귀신을 끌어내어 양을 만들고[18]
사슴을 가리켜 말이 되게 하였네
진주성 안을 모두 소경으로 만들 것이라 함이여
삼경의 하늘이 크게 밝네

悅齋居士 頌
一推一打
佯聾詐啞
牽鬼做羊
指鹿爲馬
瞎盡鎭州城
三更天大明

---

18) 중국 고사에 송정박이라는 이가 귀신과 마주쳐서도 담이 크고 지혜가 있어 귀신을
   양이 되게 하여 장터에서 팔았다는 일화가 있다.

∽ 오조계 선사가 특별히 보수 선사에 대해 말하였다.

천균의 쇠뇌를 새앙쥐를 향해 쏘지 않느니라.

五祖戒 別保壽云 千鈞之弩 不爲鼪鼠而發機

∽ 설두현 선사가 이 칙을 들고 말하였다.

보수 선사와 삼성 선사가 비록 임제 선사의 정법안장을 드러내었
으나 겨우 부처 없는 곳에서 존귀하다 할 줄만 알았구나.
　그때의 그 선승이 만일 이런 사람이어서 끌려나오자마자 선상을
흔들어 쓰러뜨렸더라면 보수의 온전한 기개일지라도 삼천 리 사이
만 차이가 났겠는가.

　雪竇顯 拈 保壽三聖 雖發明臨濟正法眼藏 要且只解無佛處稱尊 當
時 者僧 若是箇漢 才被推出 便掀倒禪床 直饒保壽全機 也較三千里

꘎ 낭야각 선사가 이 칙을 들고 말하였다.

삼성 선사가 아니었더라면 어찌 오늘에 이르렀으리오. 비록 그러
나 잘못 아는 이가 많도다.

琅琊覺 拈 不是三聖 爭到今日 雖然如此 錯會者多

‽ 운거원 선사가 상당하여 이 칙을 들고 말하였다.

대중에서 모두가 이 말이 뛰어나고 특별하다고 하니, 마치 한(韓) 씨네 개가 흙덩이를 좇는 것 같도다. 보수가 진짜 도둑을 알지 못하여 멀쩡한 사람에게 잘못 벌을 주었음을 전혀 알지 못했기 때문이다.

그 선승이 이치가 있건만 펴지 못해서 지금껏 굴욕을 당하고 있도다. 이 사람 승천이 천하의 불공평한 일을 판단하려 하노라.

(주장자를 들어 세우고)

천하의 종사가 되려면 특별히 이 방망이를 분부할 수 있어야 할 것이니, 눈 밝은 납자는 점검해 보라.

雲居元 上堂擧此話云 衆中 盡謂 此語奇特 大似韓獹趁塊 殊不知保壽 正賊不識 誤罪平人 這僧 有理不伸 至今受屈 承天欲斷不平之事 遂拈起柱杖云 要爲天下宗師 者棒 別有分付 明眼衲僧 試點檢看

༄ 취암열 선사가 이 칙을 들고 말하였다.

임제 선사의 한 종(宗)을 깨끗이 다해버렸건만, 어째서 여기에 이르렀는가?
(주장자를 번쩍 집어 들고)
어디로 갔는가?

翠嵓悅 拈 臨濟一宗 掃地而盡 因什麼 却到這裏 驀拈柱杖云 什麼
處去

∽ 해인신 선사가 이 칙에서 보수 선사가 주장자를 던지고 방장으로 돌아갔다 한 것까지와 운봉열 선사가 "임제 선사의 한 종을 깨끗이 다하였다." 한 것을 들고 말하였다.

　여러분, 운봉 선사의 그런 말은 하나만을 알고 둘은 알지 못한 것이다. 산승은 그렇게 하지 않으리니,
　좋은 솜씨는 난포[19]의 지음을 알아야 되거늘, 한광[20]은 공을 세우고 헛되이 기다리네.

　　海印信 上堂擧此話至 保壽擲下柱杖 便歸方丈 雲峰悅道 臨濟一宗 掃地而盡 師云 諸仁者 雲峰與麽道 只知其一 不知其二 山僧 卽不然 好手 須知欒布作 韓光 虛待立功勳

---

19) 난포(欒布) : 한나라의 장군이자 정치가이다. 비천한 신분으로 태어났으나 의리와 용맹으로 널리 알려져, 죽은 뒤에도 난공사라는 사당이 도처에 세워졌다.
20) 한광(韓光) : 한무제를 도와 한을 세운 개국공신인 한신과 곽광을 말한다. 이 두 사람은 개국에 공이 있었으나 그 공을 따져 차지하려고 하다가 황제에 의하여 온 가족이 말살되었다.

∽ 위산수 선사가 이 칙을 들고 말하였다.

보수 선사는 장군이거늘 어찌하여 삼성 선사에게는 도리어 중군[21]이 되었는가? 아깝다! 진주성의 모든 사람 눈이 지금껏 동쪽 서쪽을 가리지 못한다.

그러나 청의[22]로 뽑아버릴 때에는 반드시 남을 기만한 곳[23]이 있나니, 삼성 선사까지 쫓아냈더라면 반드시 진주성의 모든 사람의 눈을 구했으리라.

溈山秀 拈 保壽爲將 因何三聖 却作中軍 可惜 鎭州一城人眼 至今未辨東西 然 淸議之排 必有竊吹之處 連三聖趁出 必然救得鎭州一城人眼

---

21) 중군(中軍) : 주력부대를 말한다.
22) 청의(淸議) : 후한시대의 청의운동으로 당파에 떨어지지 않아 부패한 무리에 휩쓸리지 않고 나라의 대의를 위하는 운동이었다.
23) 원문의 절취(竊吹)는 남곽이라는 이의 일화에서 나온 말이다. 중국의 황제가 여러 사람이 피리 부는 것을 듣기를 좋아했는데, 남곽이라는 사람이 피리를 잘 불 줄도 모르면서 무리에 섞여서 부는 시늉을 하면서 지내다가, 한 사람씩 피리 부는 것을 좋아하는 다음 대의 황제가 등극하면서 밑천이 드러나자 달아났다는 일화이다. 그래서 절취는 그만한 능력이 없으면서 남 모르게 능력이 있는 양 기만하는 것을 말한다.

◌ 위산철 선사가 이 칙을 들고 말하였다.

보수 선사는 흡사 나라 안에서 천자의 조칙이 바야흐로 시행된 것 같고, 삼성 선사는 국경에서 장군의 법령이 떨어진 것 같도다.

생명을 아끼지 않는 이가 있는가? 나와서 노승과 만나자. 옳지 못한 일을 끊어버리겠노라.

(잠잠히 있다가)

막야검을 들고 법령을 온전히 시행하니, 태평한 나라 안에서 어리석은 놈은 목을 베니라.

潙山喆 拈 保壽 大似寰中天子勅 正行 三聖 塞外將軍令正擧 還有
不惜性命者麼 出來 與老僧相見 要斷不平之事 良久云 橫按鏌鎁全正
令 大平寰宇斬癡頑

◌ 천동각 선사가 상당하여 이 칙을 들고 말하였다.

선객이 만날 때엔 으레 탁마의 묘가 있고, 작가가 짓는 곳엔 원래 칼과 도끼의 흔적이 없다. 말해보라. 바로 이럴 때엔 어찌해야 하는가? 알겠는가?

풀 그림자 나타내기를 일삼는 본색의 사나이가 기틀을 맞아 집안에서 베풀어 흐름을 끊는구나.

天童覺 上堂擧此話云 禪客相逢 自有琢磨之妙 作家做處 元無刀斧之痕 且道 正恁麼時 作麼生 還會麼 影草事嬴本色漢 截流機對當行家

∽ 동림총 선사가 상당하여 말하였다.

문고 대답하면서 옛 일을 들어 지금을 이야기한다 하나, 모두가 때에 맞추어 복을 받는 그런 쪽의 일이로다.

그러므로 옛사람이 "열두 시간 동안에 몸을 바쳐 이 일을 위하지 않은 적이 없다." 하였으니, 무슨 뜻인가? 보지 못했는가?

설봉 선사가 어느 날, 법상에 오르니, 어떤 선승이 대중에서 나서서 묻는 일이 없이 소매를 흔들면서 나갔다.

설봉 선사가 "모두가 저 선승과 같다면 노승의 힘이 반쯤 덜리리라." 하니, 현사 선사가 대중 가운데서 나서서 말하기를 "화상께서 그렇게 사람들을 위하시다가는 그 선승의 눈만 멀게 할 뿐 아니라, 민중 성 안의 사람을 모두 눈멀게 하겠습니다." 하였는데, 옛 사람이 환히 알기에 당장에 부자(父子)의 정이 있다 하였다.

후래에 보수 화상이 개당하는 날, (중략) "온 성 안 사람의 눈을 다 멀릴 것이다." 했으니, 말해보라. 설봉 선사와 보수 선사는 남을 위한 곳이 있는가? 만일 있다면 어째서 온 성 안 사람의 눈을 멀게 한다고 했는가? 만일 없다 해도 설봉 선사와 보수 선사가 애쓰고 공이 없다고만 할 것도 아니니라.

대중들이여, 그들은 당대의 종장이요, 고금에 뛰어난 이들이다. 당장에 개 · 돼지를 물어뜯는 솜씨가 있으니, 남을 위하거나 위하지 않음은 한쪽에 밀쳐두고 말해보라.

이 두 노장에게 우열이 있는가? 가려내 보라.

(잠잠히 있다가)

도리어 오랑캐 사나이로 하여금 웃음이 새롭게 만들었도다.

(선상을 치다.)

東林摠 上堂云 問來答去 舉古談今 悉是應時納祐邊事 那底 吟 故
云 古人 二六時中 無不橫身爲此事 何謂 不見 雪峯 一日陞座時有
僧 出衆 更不問話 拂袖便去 雪峯 云 摠似者僧 省得老僧一半氣力
玄沙出衆云和尙恁麼爲人 不唯瞎却者僧眼 瞎却闔中一城人眼在 師云
情知他古人 直下 有父子之情 後來保壽和尙 開堂 至一城人眼在 師
云 且道 雪峯保壽 還有爲人處也無 若道有 爲什麼 瞎却一城人眼 若
道無 雪峯保壽 不可勞而無功 大衆他是當代宗匠 今古絶倫 直下 有
咬猪狗底手脚 爲與不爲 且拈放一邊 且道 者兩箇老漢 還有優劣也無
試斷看 良久云 飜使胡兒 笑轉新 擊禪床

ᘐ 황룡신 선사가 이 칙을 들고 말하였다.

보수 선사는 기틀을 보아서 함이거늘 삼성 선사가 달게 여기지
않았으니 어쩌랴.
설사 달게 여겼다 하더라도 진주성 안의 모든 사람의 눈을 멀게
함을 면치 못했으리라.

黃龍新 拈 保壽 見機而作 其奈三聖不甘 直饒甘去 未免瞎却鎭州一
城人眼

∽ 조계명 선사가 이 칙을 들고 말하였다.

보수 선사는 비록 법령에 의해 시행했으나 방망이가 너무 짧았다.

남화도 요즘 개당하여 사람들을 지도하나 전혀 그렇게 하지 않노니, 왜냐하면 차라리 몸을 가루가 되게 부술지언정 중생의 눈은 끝내 멀게 하지 않기 때문이니라.

참!

曹溪明 拈 保壽 雖然據令而行 要且棒頭傷短 南華近日開堂爲人 摠不恁麽 何謂也 寧可碎身如微塵 終不瞎却衆生眼 盞

ᑐ 원오근 선사가 이 칙을 들고 말하였다.

  보수 선사는 마치 독한 용이 바다를 휘저어 뒤섞어 비가 동이의
물을 쏟듯 하였고, 삼성 선사는 비록 맑은 하늘에 우레가 치듯이
했으나 그 위광의 반도 도움이 되지 못했다.
  이 가운데에서 누군가가 당장에 알아차렸다 하더라도 온 진주성
사람의 눈만 멀게 할 뿐 아니라 천하 사람의 눈을 몽땅 멀게 하고
있는 것이니라.

  圓悟勤 拈 保壽 大似毒龍攪海 直得雨似盆傾 三聖 雖雷振靑霄 未
助得威光一半在 个中 有個直下承當 非但瞎却鎭州一城人眼 瞎却天
下人眼去在

◌ 원오근 선사가 이 칙을 들고 다시 말하였다.

보수 선사는 기틀을 온전히 짊어지게 했으니 뛰어나고 특별하다
해도 무방하나 겨우 한쪽만을 얻게 했다. 그때에 임제 선사의 정법
안장을 잘 드러내게 하려면 삼성 선사가 "그렇게 사람을 위해서는
그 선승을 눈멀게 할 뿐만 아니라, 진주성 사람들을 다 눈멀게 할
것이오." 할 때에 당장에 본분의 먹이를 주었어야 한다.

무슨 까닭인가?

하지 않으려면 하지 말고, 하려면 제대로 하라.[24]

又拈 保壽 全機擔荷 不妨奇特 要且只得 一邊 當時 若善發明臨濟
正法眼藏 待三聖道恁麼爲人 非但瞎却者僧眼 瞎却鎭州一城人眼去在
便與本分草料 何故一不做二不休

---

24) 원문의 일불고이불휴(一不做二不休)는 중국에서 상용하는 말로서, 결단을 내린다
는 의미로 우유부단한 것과 반대를 이룬다.

ᄋᆞ 육왕심 선사가 이 칙을 들고 말하였다.

기틀에 응해 쪼고 쪼음이니 운치 있는 법도가 초연하나 점검해
보건대 겨우 이 사람 현녕에게 "틀렸다." 하는 말만을 소모하게 하
였다.

育王諶 拈 應機啐啄 韻度超然 檢點將來 只消顯寧道个錯

◌ 죽암규 선사가 소참 때에 이 칙을 들고 말하였다.

대중들이여, 저 눈 밝은 사람을 보라. 조금만 드러내어도 자연히 같지 않아서 지금 사람들의 할머니, 어머니와 같지 않다.[25]

가지 위에 가지가 다시 돋듯 하니, 어찌 끝날 시기가 있으랴. 선승 하나를 밀어냄에 곧장 때리니 어느 것이 온 진주성의 사람들을 눈멀게 한 곳인가?

불법이 여기에 이르러서는 그대들이 급박하기를 요하나니 반드시 참되게 깨달아야 된다.

만일 깨달음이 없다면 아무리 뛰어도 벗어날 길이 없으리라. 대중 가운데 뛰어서 벗어날 이가 있는가?

(주장자를 한 번 내리치고)

삼성 선사가 눈먼 나귀가 된 것은 오히려 스스로 그렇다고 하지만 3일 동안 귀먹었다는 것은 크게 밖이 없네.

竹庵珪 小叅擧此話云 大衆 看他明眼底人 略露些子 自然不同 不似如今人婆婆母母 枝蔓上 更生枝蔓 有甚了期 他推出一僧便打 那个是瞎却鎭州一城人眼處 佛法 到這裏 要你性燥 也須是眞个悟去 始得

---

25) 원문의 파파모모(婆婆母母)는 중국에서 과감하지 않고 연약하며 노파심과 잔소리가 많은 것을 말한다.

若無悟由 一切跳不出 衆中 還有跳得出底麼 卓柱杖一下云 三聖瞎驢
猶自可 耳聾三日 大無端

∽ 목암충 선사가 상당하여 이 칙을 들고 말하였다.

옛사람이 활용한 곳이 홀로 높아서, 가위 험준한 벼랑의 뛰어난 기개라 하리라. 비록 그러나 말해보라.

온 진주성의 사람 눈을 멀게 했다 함이 분명한가? 이 사람 승업이 오늘 개당하였는데, 누군가가 선승을 밀어내면 승업은 거기서 방망이도 휘두르지 않고, 할도 하지 않으리라. 어째서 그런가?

본체가 원래 천연하거늘 무엇하러 수고로이 쪼고 다듬으리오.

牧庵忠 上堂擧此話云 古人 用處孤危 可謂險崖機峻 然雖如是 且道 鎭州一城人眼 還端的瞎去也無 勝業 今日開堂 或有推出僧來 勝業 者裏 也不行棒 也不行喝 爲什麼如此 本體自天然 何勞更雕琢

◐ 백운병 선사가 이 칙을 들고 말하였다.

적의 깃발을 뽑아들고 적장을 베니, 공훈이 당대를 덮고, 나팔을 뺏고 적진에 쳐들어가니[26] 온전한 기틀의 지혜를 씀이나, 설사 기상이 우두(牛斗)를 찌르고 위풍이 한팽[27]을 억누르더라도 평상시처럼 베풀면 서로가 손상함이 없고, 법령에만 의거하면 피차가 모두 위험하다

白雲昺 拈 搴旗斬將 蓋代功勳 偸號斫營 全機作略 縱使氣衝牛斗 威奪韓彭 平展則兩不相傷 據令則彼此俱險

---

26) 원문의 작영(斫營)은 상대방이 숨어 있는 곳에 쳐들어간다는 의미이다.
27) 한팽(韓彭) : 한나라의 건국공신인 한신과 팽월.

◌ 송원 선사가 상당하여 이 칙을 들고 말하였다.

종승(宗乘)을 부축해 세우려면 반드시 정수리의 바른 안목을 갖추고 팔 뒤에 신령한 증표를 달아야 되느니라.

두 존숙이 한가로이 한 번 주고받은 것이[28] 바로 임제 선사의 마음 속을 드러낸 것이라 하나, 자기들의 생명이 온통 그 선승의 손아귀에 있는 줄은 전혀 몰랐다. 누가 점검해내겠는가?

지난 해엔 불을 찾다가 연기에 합했는데 오늘은 샘물을 뜨다 달도 함께 떠서 돌아온다.

松源 上堂擧此話云 大凡扶竪宗乘 須具頂門正眼 懸肘後靈符 二尊宿 等閑一挨一拶 便乃發明臨濟心髓 只是不知性命 摠在者僧手裏 還有人檢點得出麽 昔年覓火和煙得 今日擔泉帶月歸

---

28) 원문의 일애일찰(一挨一拶)은 깨달은 이들이 깨달음을 알아보기 위해 서로 주고받는 것을 말한다.

♋ 밀암걸 선사가 이 칙을 들고 말하였다.

두 존숙이 좋기는 좋으나 임제 선사의 정종(正宗)을 부축하자면 각각 한 방망이씩이 모자란다. 말해보라. 어디가 모자라는 곳인가? 법을 가려내는 눈을 갖춘 이는 결단해 보라.

密庵傑 擧此話云 二尊宿 美則美矣 若要扶臨濟正宗 每人 各欠一頓 棒在 且道 那裏 是他欠處 具擇法眼者 試定當看

대원 문재현은 이 칙을 모두 들고나서 이르노라.

　삼성 선사가 선승을 밀어낸 일이 그릇된 것은 아니라지만, 옛말
에 좋은 일도 없는 것만 못하다는 말이 있다.

　해와 달을 장등으로 띄워놓고
　돌사내의 무현금 맞추어서
　화약처녀 불 속에서 춤을 추네

1165칙 체도

 본 칙

여주 서원 사명 선사가 주지가 되기 전에 허주에서 남원 선사가 출세했다는 소문을 듣고 우정 찾아가서 만났는데 인사를 마치자마자 말하였다.

"화상이시여, 저는 별달리 사람의 일은 없고, 강서의 체도[29] 한 자루를 가지고 와서 화상께 올리오니, 받아 주십시오."

남원 선사가 말하였다.

"그대는 허주에서 왔거늘 어느 곳에서 강서의 체도를 얻어왔는가?"

이에 서원 선사가 남원 선사의 손을 가지고 한 번 주무르니, 남원 선사가 시자를 불러 거두게 하였다. 서원 선사가 옷소매를 한 번 떨치고 나가버리니, 남원 선사가 말하였다.

"아라라."

---

29) 체도(剃刀) : 머리 깎는 칼.

汝州西院思明禪師未住時　在許州　聞南院出世　特往相看　才人事了
啓　和尙　某甲　別無人事　將得江西剃刀一柄　上和尙　且望容受　南院
云　你從許州來　甚處　得江西剃刀　師將南院手　搯一搯　南院　喚侍者收
師以衣袖拂一拂　便出去　南院　云　阿喇喇

∽ 대각련 선사 송

강서의 서릿발 같은 체도를 다른 고을까지 두루하게 하니
한 번 주무름에 시자를 불러서 거두게 하였네
사사로이 물건을 바치자마자 이미 마쳤으니
옷소매를 털고 돌아보지도 않고 돌아갔다네

大覺璉 頌
江西霜刃遍他州
一搯連呼侍者收
私奉土宜才已畢
拂衣歸去不廻頭

∽ 해인신 선사 송

남원의 가풍을 대중이 엿보기 어려움에
바치는 데 임해서는 온전한 위엄을 상하지 않을 수 없는데
허주에서 강서의 소식을 친히 바침이여
바늘과 겨자씨 서로 던져 맞추는 일, 스스로만이 안다

海印信 頌
南院門風衆莫窺
登臨無不喪全威
許州親獻江西信
針芥相投只自知

∽ 열재 거사 송

아라라, 그게 뭐라고
내 살림은 가죽버선 뿐이라
때로 들어올려 손바닥에 놓고 봄이여
대지와 산하를 부수어 가루로 만듦일세

悅齋居士 頌
阿剌剌當甚
儂家具皮韈
有時拈出掌中看
大地山河擣爲末

ᇰ 위산철 선사가 이 칙을 들고 말하였다.

서원 선사가 비록 강서의 체도를 받았으나 선사할 곳이 없더니,
동참을 만나고서야 비로소 뽑았다. 지금에 거둘 이가 있는가?
산승에게 바쳐 보라. 만일 없다면 평상시에 쓰는 것이 무엇인가?

潙山喆 拈 西院 雖收得江西剃刀 無處施呈 直遇同祭 方始拈出 如
今 還有收得者麼 試呈似山僧看 如無 尋常 用个什麼

◌ 자항박 선사가 상당하여 이 칙을 들고 말하였다.

모든 부처님들의 대원경지는 안팎에 티와 가리움이 없도다.

두 사람이 같이 보았으니, 마음과 눈이 모두 닮았도다. 이미 동참

이거늘 어찌 신물(信物)의 온 곳을 모르랴. 그때에 손을 한 번 주무

르지 않았더라면 허물이 적지 않음을 보았으리라.

　慈航朴 上堂擧此話云 諸佛大圓鏡 內外無瑕翳 兩人 同得見 心眼

皆相似 旣是同叅 豈不知信物來處 當時 若不向手上一揞 便見漏逗不

小

대원 문재현은 이 칙을 모두 들고나서 이르노라.

한 샘물을 마신 이의 가락을 감상함이 어떠한고?

손 끌어다 한 번 주무름
화창한 봄동산의 누림이고

남원 대사 그 깊은 아라라여
백아가 종자기 반김인데

동산 누각 아련한 시조에
어울린 단소소리 풍광이여!

1166칙 선(禪)

 본 칙

신라 박암 화상에게 어떤 선승이 물었다.
"어떤 것이 선(禪)입니까?"
박암 화상이 대답하였다.
"옛 무덤을 집이라 할 수 없느니라."

新羅泊岩和尙 因僧問 如何是禪 師云 古塚 不爲家

∞ 단하순 선사 송

고국이 태평한지 여러 해인데
연민함에서 생긴 연으로 흰 머리 되니
목동이 공로까지 잊을 줄 알아서
한가히 소를 놓고 채찍마저 놓아버렸네

丹霞淳 頌
故國淸平久有年
白頭猶自戀生緣
牧童却解忘功業
懶放牛兒不把鞭

대원 문재현은 이 칙을 모두 들고나서 이르노라.

어리석은 선승의 질문에 번개보다 빠름이여,
과연 작가로세.

채소전 아가씨가 채소를 찾으니
이것이 채소라고 보여주듯 하심이여!

박암은 참으로 밝으신 작가로다
말과 경계 모두를 도구로 쓰신 일세

그러나 저리 많은 어리석은 사람들이
한나라 개 후예를 자청한 격이라니

1167칙 도(道)

 본 칙

박암 선사에게 어떤 선승이 물었다.
"어떤 것이 도(道)입니까?"
박암 선사가 대답하였다.
"수레의 자취를 찾아 헛되게 애쓰는구나."

泊嵓 因僧問 如何是道 師云 徒勞車馬跡

∽ 단하순 선사 송

조계의 옛 길가에 푸른 이끼 돋았는데
거마가 올랐다 하면 이미 길에 들어선 것일세
촌노인, 야윈 데에다 절뚝절뚝하면서
옥지팡이 짚고서 깊은 밤에 다니네

丹霞淳 頌
曹溪古路緣苔生
車馬登臨已涉程
野老痿羸兼跛挈
手携玉杖夜深行

대원 문재현은 이 칙을 모두 들고나서 이르노라.

만일 어떤 이가 "어떤 것이 도입니까?" 묻는다면, 동쪽 향해 "도!" 하고, 서쪽을 향해 "도!" 하고, 남쪽을 향해 "도!" 하고, 북쪽을 향해 "도!" 했을 것이다.

봄이란 꽃밭에서 나비들이 나는 계절
가을은 하늘 높고 말들이 살찌는 계절
겨울은 눈송이가 꽃보다 고운 계절

1168칙 교(教)

 본 칙

박암 선사에게 어떤 선승이 물었다.
"어떤 것이 교(教)입니까?"
박암 선사가 대답하였다.
"패엽(貝葉)에도 다 수록하지 못하느니라."

泊嵓 因僧問 如何是教 師云 貝葉 收不盡

∽ 단하순 선사 송

49년간 만인에게 공표하신 말씀이여
오천 여 축(軸)에 모든 이치 말씀으로 펴셨네
위음왕 이전의 묘하고 밝은 일구여
뿔 부러진 진흙소가 눈 속에 잠든다

丹霞淳 頌
四十九年成露布
五千餘軸盡言詮
妙明一句威音外
折角泥牛雪裏眠

대원 문재현은 이 칙을 모두 들고나서 이르노라.

어떤 이가 내게 "어떤 것이 교(敎)입니까?"라고 물었다면 "보이고 들리는 것 모두가 교이니라." 했을 것이다.
험.

1169칙 모든 곳에 청정한 것

본 칙

신라 대령 선사에게 어떤 선승이 물었다.
"어떤 것이 모든 곳에 청정한 것입니까?"
대령 선사가 대답하였다.
"옥가지를 꺾으니 마디마디마다 보배요, 전단나무를 쪼개니 조각
조각마다 향기로우니라."

新羅大嶺禪師 因僧問 如何是一切處淸淨 師云 截瓊枝 寸寸是寶 析
栴檀 片片皆香

∽ 단하순 선사 송

건곤 모두가 황금의 나라며
만유가 온전히 청정하고 묘한 몸을 드러냄일세
옥녀가 읊는 가풍에는 공교함도 졸렬함도 없음이여
신령한 싹에 꽃이 무성하나 봄은 모름이랄까

丹霞淳 頌
乾坤盡是黃金國
萬有全彰淨妙身
玉女背風無巧拙
靈苗花秀不知春

대원 문재현은 이 칙을 모두 들고나서 이르노라.

만약 이 자리에서 어떤 이가 내게 "어떤 것이 모든 곳에 청정한 것입니까?"라고 묻는다면 "불은 붉고 물은 맑다." 하리라.

1170칙 부처님들의 스승

 본 칙

신라 운주 선사에게 어떤 선승이 물었다.
"어떤 것이 부처님들의 스승입니까?"
운주 선사가 대답하였다.
"문수는 귀가 우뚝하니라."

新羅雲住禪師 因僧問 如何是諸佛師 師云 文殊聳耳

∽ 단하순 선사 송

형상 없는 광명 속에는 몸이랄 것도 없거늘
맑고 비고 멀고 아득하다는 것인들 어찌 짝할 수 있으랴
둥글고 밝은 달이 처마에 당도해
옥대궐에 가득컨만 사람들이 못 보네

丹霞淳 頌
無相光中未兆身
清虛渺邈豈爲鄰
一輪明月當軒照
玉殿蕭蕭不見人

대원 문재현은 이 칙을 모두 들고나서 이르노라.

해수욕장에는 모래가 천지고
목장 초지에는 푸른 풀 지천인데
백로 한 마리가 그 위에 나는구나

1171칙 외딴 봉우리에 홀로 묵을 때

본 칙

홍주 운거산 도간 선사에게 어떤 선승이 물었다.
"외딴 봉우리에 홀로 묵을 때가 어떠합니까?"
도간 선사가 대답하였다.
"한가로운 일곱 간 승당에서 묵지 않고, 누가 그대더러 외딴 봉우리에서 혼자 묵으라고 하던가?"

洪州雲居山道簡禪師 因僧問 孤峯獨宿時如何 師云 閑着七間僧堂不宿 阿誰教你孤峯獨宿

∽ 단하순 선사 송

법이란 그대가 닦는 것이 아니어서 본래 이룰 것도 없음이
평상시 말을 주고받음에 가장 분명하다
바르게 장안 길을 지시해 보였으나
긍정치 않고서 떠도는 사람들을 어쩌랴

丹霞淳 頌
法亽非修本不成
平常酬答最分明
端然指出長安道
無奈遊人不肯行

대원 문재현은 이 칙을 모두 들고나서 이르노라.

혹 어떤 분이 내게 "외딴 봉우리에 홀로 묵을 때가 어떠합니까?" 하면 "나르는 백로가 내 먼저 일렀구나." 하리라.

1172칙 한 망치 아래의 일

 본 칙

운거 선사에게 어떤 선승이 물었다.
"어떤 것이 한 망치 아래의 일입니까?"
운거 선사가 대답하였다.
"빛을 뿜는다."

雲居 因僧問 如何是一椎下事 師云 色吒

∽ 지해일 선사 송

문답이 어느 곳에서 오는 지도 모르는지라
빛을 뿜는다는 소리의 위세, 언덕이 무너짐 같건만
총림 선원에는 미(迷)하여 듣는 이가 많아서
똑같이 귀를 세우고 우레소리를 듣는 오리들 같다

智海逸 頌
問答不知何所來
色吒聲勢若崖頹
叢禪大有迷聞者
聳耳還同鴨聽雷

대원 문재현은 이 칙을 모두 들고나서 이르노라.

　지난 해 어떤 이가 이 공안을 묻기에 그때 이 사람은 "뜰 밑 화단에 장미니라." 했었다.
　험.

1173칙 가풍

 본 칙

홍주 봉서산 동안 비 선사에게 어떤 선승이 물었다.
"어떤 것이 화상의 가풍입니까?"
동안 비 선사가 대답하였다.
"금닭은 알을 품고 은하수로 돌아가고, 옥토끼는 애기를 배어 자미궁으로 들어간다."
선승이 다시 물었다.
"갑자기 손이라도 오면 무엇으로 대접합니까?"
동안 비 선사가 대답하였다.
"금과일은 이른 아침에 원숭이가 따가고, 옥꽃은 저녁 늦게 봉황이 물어오느니라."

洪州鳳捿山同安丕禪師　因僧問　如何是和尙家風　師曰　金鷄抱子歸霄漢　玉免懷胎入紫微　僧云　忽遇客來　將何祇對　師曰　金菓　早朝猿摘去　玉花　晚後鳳啣來

∽ 단하순 선사 송

우뚝한 산봉우리에 한낮의 연기 서리었고
밤하늘 중천의 달에 구름이 끼었네
고요한 비춤 혼연히 찬 하늘에 가득하니
밝고 어두움이 비롯되기 이전의 원융함일세

丹霞淳 頌
日午煙凝山嶰岘
夜央天淡月嬋娟
混然寂照寒霄永
明暗圓融未兆前

🔽 금산원 선사가 화주가 돌아옴을 인하여 상당하여 이 칙을 들고 말하였다.

동안 선사의 가풍은 그렇거니와 귀종의 가풍은 그렇지 않다. 어떤 것이 귀종의 가풍인가?

왕희지의 집 가에 맑은 바람이 일고, 야사(耶舍)의 봉우리 앞에서 보배달이 빛난다.

갑자기 손이 오면 무엇으로 대접하는가?

집안 살림 차와 밥이 천 가지로 족하니, 사해의 선객이 교화하고 돌아온다.

金山元 回化主廻 上堂擧此話云 同安家風 只如此 歸宗家風 不恁麼
如何是歸宗家風 義之宅畔 淸風起 耶舍峯前 寶月輝 忽遇客來 將何
祇對 家常茶飯 千般足 四海禪人 教化歸

～ 운문고 선사가 상당하여 이 칙을 들고 말하였다.

동안 선사의 가풍이 뛰어나고 특별하다 해도 무방하나 경산의 가풍은 그렇지 않다.

혹 어떤 사람이 "어떤 것이 화상의 가풍입니까?"라고 묻는다면 그에게 "공양 때 한 발우의 화라반[30]이 선의 길이라서 시비를 전혀 모른다." 하리라.

"갑자기 손이라도 오면 무엇으로 대접합니까?" 한다면 그에게 "찐 떡이다." 하리라.

雲門杲 上堂舉此話云 同安家風 不妨奇怪 徑山家風 又且不然 或有人問 如何是和尙家風 卽向他道 齋時一鉢和蘿飯 禪道是非 總不知 忽遇客來 將何祇對 蒸餠不托

---

30) 화라반(和蘿飯) : 스님들이 7월 15일날 안거 후에 3일간 공양하는 음식. 자유스럽게 마음대로 먹는 음식이라는 뜻이다. 원래 바화라반이며 화라반은 준말이다.

대원 문재현은 이 칙을 모두 들고나서 이르노라.

　어떤 이가 "동안 선사의 가풍은 그렇거니와 선사의 가풍은 어떤
것입니까?" 한다면 "잘 보았거든 헛되이 전하지는 말라." 할 것이
며, 또 "동안 선사의 대접함은 그렇거니와 선사의 대접은 어떤 것
입니까?" 한다면 "때에 따라 이렇느니라." 하리라.
　험.

1174칙 둘둘 셋셋

 본 칙

여산 귀종 담권 선사에게 어떤 선승이 물었다.
"대중이 다 모였으니, 무엇을 말씀하시겠습니까?
담권 선사가 대답하였다.
"둘둘 셋셋이니라."
선승이 말하였다.
"모르겠습니다."
담권 선사가 말하였다.
"셋셋 둘둘이니라."
(운문언 선사가 그 선승에게 물었다.
"귀종의 뜻이 어떻던가?"
선승이 대답하였다.
"이렇게 온몸입니다."
운문언 선사가 다시 물었다.
"상좌는 담주의 용아에 가 본 적이 있는가?"
선승이 대답하였다.

"가 보았습니다."
운문 선사가 말하였다.
"이 촌놈아!")

　廬山歸宗澹權禪師　因僧問　大衆　雲集　合談何事　師云　兩兩三三　僧
云　不會　師云　三三兩兩(雲門偃問其僧　歸宗意旨如何　僧云　全體恁麼
來門云　上座曾到潭州龍牙麼　僧云　曾到來門云　打野裏漢)

∽ 심문분 선사 송

둘둘 셋셋이요
셋셋 둘둘이라
구절 뒤에 자취가 없고
말 속에 메아리가 있다
허물에는 반드시 벌을 주고 공에는 반드시 상을 주니
방망이는 손에 있고 구슬은 손바닥에 있도다

心聞賁 頌
兩兩三三
三三兩兩
句後無蹤
言中有響
過心罰功必賞
捧在手兮珠在掌

대원 문재현은 이 칙을 모두 들고나서 이르노라.

　담권 선사는 그렇게 일렀거니와 만약 어떤 이가 내게 와서 "대중이 다 모였으니, 무엇을 말씀하시겠습니까?" 하면 귀를 매만진 다음 수염을 쓰다듬고 "잘 전하게."라고 한 뒤, "모르겠습니다." 하면 "그대는 사람이거늘 어찌 한나라 개의 후예 되길 자청하는고?" 하리라.
　악!

1175칙 서로 만났다는 것마저 곧 쉬어라

 본 칙

홍주 봉서산 동안 상찰 선사[31]에게 어떤 선승이 물었다.
"어떤 것이 향해 간 사람입니까?"
동안 선사가 대답하였다.
"얼어붙은 매미가 고목을 안고 울면서, 끝내 고개를 돌리지 않는다."
선승이 다시 물었다.
"어떤 것이 돌아온 사람입니까?"
동안 선사가 대답하였다.
"갈대꽃이 불 속에서 피어나니, 봄을 만났건만 가을 같구나."
선승이 다시 물었다.
"어떤 것이 오지도 않고 가지도 않는 사람입니까?"
동안 선사가 대답하였다.
"돌양이 돌범을 만남이니, 서로 만났다는 것마저도 곧 쉬어라."

---

31) 어떤 책에는 구봉건 선사의 법을 이었다고 하였다.

洪州鳳捿山同安常察禪師(一本嗣九峯虔禪師) 因僧問 如何是向去底人 師云 寒蟬 抱枯木 泣盡不廻頭 如何是却來底人 師云 蘆花火裏秀逢春恰似秋 如何是不來不去底人 師云 石羊 逢石虎 相逢早晚休

∾ 낭야각 선사가 이 칙을 들고 말하였다.

옛사람이 비록 화살로 큰 기러기를 쏘아 맞출 줄은 알았을지라도
나무를 도는 원숭이 맞출 줄은 알지 못했구나.

琅瑘覺 拈 古人 雖解箭穿鴻鴈 要且不解遶樹射猿

◦ 천동각 선사가 소참 때에 이 칙을 들고 말하였다.

이것은 이렇게 서로 꼭 맞아야 이변과 사변에 통달하고, 오고 감
에 걸림이 없다. 그러나 다시 말로 미치지 못하는 곳과 시비로 미
치지 못하는 곳이 있는 줄 알아야 된다. 그러므로 "일체 수효와 구
절과 수효와 구절 아닌 것이, 나의 신령스런 깨달음과 무슨 관계가
있으리오." 했으니 말해보라.
어찌해야 이와 같이 서로 상응하겠는가? 말에 현묘함을 머금었으
나 길이 없고, 혀끝으로 말을 하나 말한 적이 없다. 잘 있거라.

天童覺 小叅擧此話云 是須恁麽恰恰相應 理事貫通 往來無碍 始得
更須知有言語不到處 是非不及處 所以道 一切數句非數句 與吾靈覺
何交涉 且道 作麽生得如此相應去 語帶玄而無路 舌頭談而不談 珍重

⌒ 육왕심 선사가 이 칙을 들고 말하였다.

이런 이야기는 겨우 자기를 위할 뿐이요 남을 위할 수는 없으며,
겨우 부처에 들어갈 수는 있으나 마에 들어갈 수는 없도다.

누군가가 여산에게 "어떤 것이 향해 간 사람입니까?"라고 물으면
"붉은 노을이 푸른 바다를 뚫는다." 하리라.

"어떤 것이 돌아온 사람입니까?"라고 물으면 "밝은 해가 수미산
을 돈다." 하리라.

"어떤 것이 오지도 않고 가지도 않는 사람입니까?"라고 물으면
"급히 흐르는 여울³²⁾ 위에서 만인이 구경을 한다." 하리라.

영리한 사람은 가려내 보라.

育王諶 拈 恁麼說話 只可爲己 未可爲人 只可入佛 未可入魔 或問
盧山 如何是向去底人 紅霞穿碧海 如何是却來底人 白日 遶須彌 如
何是不來不去底人 急流灘上 萬人看 靈利底 試請辨看

---

32) 여울 : 강이나 바다의 폭이 좁아 물살이 세게 흘러 배가 지나기 힘든 곳.

◌ 자항박 선사가 상당하여 이 칙을 들고 말하였다.

알겠는가? 공(功)을 굴려 지위를 이루는 것은 그 묘함이 본체 이전에 있음이요, 지위를 굴려 공을 이루는 것은 길을 돌림이 다시 묘함일세.

비고 현묘하여 범할 수 없고, 가고 오매 자유자재함은 동안 선사에게 없지는 않으나 저 굴을 벗어나지는 못했다.

혹 어떤 사람이 천동에게 "어떤 것이 향해 간 사람입니까?"라고 물으면 그에게 "옥마(玉馬)가 관문을 지날 때에는 발굽의 편자를 뽑아야 한다." 하리라.

"어떤 것이 돌아온 사람입니까?"라고 물으면 "금털사자가 땅에 걸터앉아 꼬리를 흔든다." 하리라.

"어떤 것이 오지도 않고 가지도 않는 사람입니까?"라고 물으면 "찰간 꼭대기에 무쇠용이니라." 하리니, 행각하는 사람은 살펴보라. 산승의 안목이 어디에 있는가?

慈航朴 上堂擧此話云 還相委悉麼 轉功就位 妙在體前 轉位就功 廻途復妙 虛玄不犯 來去自由 卽不無同安 要且脫他窠臼未得 或有人 問天童 如何是向去底人 卽道 玉馬度關蹄撥刺 如何是却來底人 金毛 踞地尾吒沙 如何是不來不去底人 却向道 刹竿頭上 鐵龍兒 行脚人 試驗 山僧眼目 在什麽處

⌒ 송원 선사가 상당하여 이 칙을 들고 말하였다.

진리에 들어가 깊이 이야기하고, 근기에 따라 사물에 응하는 것은 동안 노인이라야 되겠지만, 납자의 가풍에 의하건대 허물이 없지 않다.

무슨 까닭인가? 바람을 따라 돛을 펼 줄만 알았고, 바람을 거슬러 끌어당겨 잡을 줄은 몰랐기 때문이니라.

혹 어떤 이가 야부에게 "어떤 것이 향해 간 사람입니까?"라고 물으면 "눈동자가 튀어나왔다." 하리라.

"어떤 것이 돌아온 사람입니까?"라고 물으면 "하늘도 넓고 땅도 넓다." 하리라.

"어떤 것이 오지도 않고 가지도 않는 사람입니까?"라고 물으면 "밝은 달은 깊은 골짜기를 비추고, 찬 파도는 밤 다듬이질 소리를 낸다." 하리라.

이 이야기는 그대들이 씹을 곳이 없을 터이니, 바로 깨달아야 된다.

松源 上堂擧此話云 入理深談 隨機應物 還他同安老人 若據衲僧門下 未免漏逗 何故 只解順風張帆 不能逆風把柁 或有人 問冶父 如何是向去底人 對云 眼睛突出 如何是却來底人 對云 天闊地闊 如何是

不來不去底人 對云 明月 照幽谷 寒濤 響夜砧 此語 無你咬嚼處 直
須是悟 始得

대원 문재현은 이 칙을 모두 들고나서 이르노라.

　만약 어떤 이가 대원에게 묻기를 "어떤 것이 향해 간 사람입니까?" 하면 "어찌 더 분명하겠느냐." 하고 "어떤 것이 돌아온 사람입니까?" 하면 "차라리 불 앞에서 불을 물어라." 하고 "어떤 것이 오지도 않고 가지도 않는 사람입니까?" 하면 "눈 뜨고도 보지 못하는 당달봉사구나." 하리라.

1176칙 경(經)

 본 칙

동안 선사에게 어떤 선승이 물었다.

"경에 의지하여 이치를 해석하려 하면 삼세의 부처가 원수요, 경에서 한 글자라도 떠나면 마군의 말과 같아진다 하니, 이 이치가 어떠합니까?"

동안 선사가 대답하였다.

"우뚝한 봉우리가 아득히 솟았으니 연기에도 넝쿨에도 걸리지 않고, 조각달이 하늘에 떠있으니 흰 구름과 스스로 다르니라."

同安 因僧問 依經解義 三世佛冤 離經一字 卽同魔說 此理如何 師云 孤峯逈秀 不掛煙蘿 片月 橫空 白雲自異

∽ 단하순 선사 송

구름은 절로 높이 날고 물 절로 흐른다
바다와 하늘이 활짝 트였는데 배 한 척 홀로 떠있네
밤 깊어도 갈대밭에 머물지 않음이여
중간과 양쪽을 멀리 벗어났네

丹霞淳 頌
雲自高飛水自流
海天空闊漾孤舟
夜深不向蘆灣宿
逈出中間與兩頭

ᄋᆞ 낭야각 선사가 상당하여 이 칙을 들고 말하였다.

말해보라. 어찌해야 만물의 이치를 손상하지 않음을 얻겠는가?
여러분은 산승의 게송 하나를 들어보라.

땅이 어니, 풀이 시들고
물이 차니, 얼음이 얼더라
참선하는 사람에게 묻노니
이게 무슨 시절인가
임제가 신라를 지나는데
덕산은 이마를 찌푸리며 기뻐하지 않네

琅琊覺 上堂擧此話云 且道 作麼生得不傷物義去 汝等諸人 聽取山
僧一頌
地凍草枯
水寒氷結
且問禪人
是何時節
臨濟走過新羅
德山愁眉不悅

대원 문재현은 이 칙을 모두 들고나서 이르노라.

대 그림자 마당 쓸고, 귀뚜라미 노래니라
여기에 그런 말이 어떻게 있는고?
방망이로 치기 전에 분명하게 일러라

1177칙 강서의 법도

본 칙

동안 선사가 어떤 선승에게 물었다.

"요즘 어디서 떠났는가?"

선승이 대답하였다.

"강서에서 떠났습니다."

동안 선사가 다시 물었다.

"강서의 법도는 여기의 것과 어떻게 다른가?"

선승이 대답하였다.

"저에게 물으셨기 다행입니다. 다른 사람에게 물으셨더라면 곧 화를 불렀을 것입니다."

동안 선사가 말하였다.

"방금 전엔 노승이 경솔했구나."

선승이 대답하였다.

"저는 어린애가 아니거늘 공연히 노랑잎으로 울음을 그치게 하려고 하시는군요."

동안 선사가 말하였다.

"자라를 상하게 하건 거북을 용서하건 죽이고 살림이 나에게 있다."

同安 問僧 近離甚處 僧云 江西 師云 江西法道與此間何別 僧云 賴遇問着某甲 若問別人 卽禍生 師云 老僧 適來造次 僧云 某甲不是嬰兒 徒用止啼黃葉 師云 傷鼈恕龜 殺活 由我

∽ 법진일 선사가 이 칙을 들고 말하였다.

그 선승은 원래가 말이나 배우는 무리이거늘 놓친 것이 아깝다. 그가 "저는 어린애가 아니거늘 공연히 노랑잎으로 울음을 그치게 하려고 하시는군요." 할 때에 곧장 때려 내쫓는 것이 좋았다.

法眞一 拈 者僧元來只是个學語之流 可惜放過 伊云 某甲 不是嬰兒 徒用止啼黃葉 便好打了趁出

대원 문재현은 이 칙을 모두 듣고나서 이르노라.

"공연히 노랑잎으로 울음을 그치게 하려고 하시는군요."라는 말
이 떨어지자마자 그 선승을 한 대 때리며 "그런 말은 어디서 났느
냐?" 했어야 했다.

1178칙 인간세계와 천상세계의 스승

 본 칙

동안 선사에게 어떤 선승이 물었다.
"어떤 것이 인간세계와 천상세계의 스승입니까?"
동안 선사가 대답하였다.
"머리 위엔 뿔이 온전치 못하고, 몸에는 털이 나지 않았다."

同安 因僧問 如何是天人師 師云 頭上 角不全 身上 毛不出

◌ 단하순 선사 송

비밀한 궁전, 겹 휘장 속, 새벽이 오히려 추우니
붉은 섬돌에 이끼 끼어 아직 줄을 서지 않았네
보배향, 봉황촛불, 연기와 구름이 합하고
고요히 발〔簾〕을 드리우니, 얼굴 드러남도 없다

丹霞淳 頌
秘殿重幃曉尙寒
丹墀苔潤未排班
寶香鳳燭煙雲合
寂寂簾垂不露顔

대원 문재현은 이 칙을 모두 들고나서 이르노라.

이 사람이 그런 질문을 받았다면 "뜰 아래 장미니라." 했을 것이
다.

1179칙 까치가 기쁘게 지저귐이여

 본 칙

동안 선사가 말하였다.

"까치가 찬 노송나무에서 기쁘게 지저귐이여, 심인(心印)을 저놈이 전하는구나."

어떤 선승이 말하였다.

"왜 꼭 그뿐이겠습니까?"

동안 선사가 말하였다.

"대중 가운데 사람이 있었구나."

선승이 말하였다.

"동안의 문하엔 길이 끊어지고 사람이 거칠군요."

이에 동안 선사가 말하였다.

"오랑캐가 젖을 마시고도 어진 의원을 도리어 나무라는 꼴이로다."

선승이 말하였다.

"그만 두십시오. 그만 두십시오."

동안 선사가 말하였다.

"늙은 학이 마른 못에 들어갔으나, 물고기의 자취마저 볼 수 없구나."

　同安 云 喜鵲鳴寒檜 心印 是伊傳 僧云 何必 師云 衆中 有人 僧云 同安門下 道絶人荒 師云 胡人 飮乳 反怪良醫 僧云 休休 師云 老鶴 入枯池 不見魚蹤跡

∽ 밀암걸 선사가 이 칙을 듣고 말하였다.

　줄을 퉁기어 곡조를 나누는 곳에 부르는 이도 있고 화답하는 이도 있으니, 그 노래가 점점 더 뛰어날수록 화답하는 것도 점점 더 고준하다.
　그 사이에 정위의 소리[33]가 비록 뒤섞여있기는 하나 오음(五音)과 육률(六律)이 박자와 맞느니라.

　密庵傑 擧此話云 動絃別曲 有唱有酬 其唱 愈高 其和愈峻 其間鄭衛之聲 雖則雜然 五音六律 拍拍是令

---

33) 정위(鄭衛)의 소리 : 정나라와 위나라에서 유행하던 음악. 고상하지 못한 노래를 말한다.

대원 문재현은 이 칙을 모두 들고나서 이르노라.

　마치 종일토록 낚싯밥만 허비하고 허탈한 걸음으로 돌아가는 격이구나.

　빈 배로 돌아오는 길이나
　달 밝고 좋은 경치 풍광이라
　술 노랜들 그보다 좋으랴

1180칙 둘째 근기로는 이르를 수 없는 곳

 본 칙

동안 지 선사에게 어떤 선승이 물었다.

"둘째 근기로는 이르를 수 없는 곳을 어떻게 들어 외치리까?"

동안 지 선사가 대답하였다.

"두루 미친 곳이라 만날 수 없고, 현묘한 가운데라 잃을 수도 없느니라."

(어떤 책에는 동안 지 선사가 동안 위 선사의 법을 이었다 하고, 어떤 책에는 동안 비 선사를 이었다 하였다.)

同安志禪師 因僧問 二機不到處 如何擧唱 師云 徧處不逢 玄中不失 (一本志嗣 同安威 或本嗣同安丕)

∽ 단하순 선사 송

저기니 여기니 하면 모두 만나기 어려우니
일구에 사사로움이 없어 적중한 곳마저 없네
붉은 해는 저물 무렵 서쪽 봉우리에 지고
홀로 남아있는 외로운 그림자 동쪽 개울에 비치누나

丹霞淳 頌
這邊那畔惣難逢
一句無私不處中
紅日暮沉西嶂外
空留孤影照溪東

대원 문재현은 이 칙을 모두 들고나서 이르노라.

어떤 이가 "둘째 근기로는 이르를 수 없는 곳을 어떻게 들어 외치리까?"라고 내게 묻는다면 귀나 한 번 만졌을 것이다.

1181칙 북 칠 줄 안다

 본 칙

길주 화산 징원 무은 선사가 수어[34]하였다.

"배워 익히는 것을 문(聞)이라 하고, 배움을 끊는 것을 인(鄰)이라 하고, 이 두 가지를 초월한 것을 진(眞)이라 하느니라."

이에 어떤 선승이 물었다.

"어떤 것이 진(眞)입니까?"

화산 선사가 대답하였다.

"북 칠 줄 안다."

선승이 다시 물었다.

"어떤 것이 진제(眞諦)입니까?"

화산 선사가 대답하였다.

"북 칠 줄 안다."

"마음이 곧 부처인 도리는 묻지 않거니와 어떤 것이 마음도 아니요 부처도 아닌 도리입니까?"

"북 칠 줄 안다."

---

34) 수어(垂語) : 문하의 제자들에게 내리는 말씀.

선승이 다시 물었다.

"초월했다는 것마저 없는 사람이 오면 어떻게 제접하십니까?"

화산 선사가 대답하였다.

"북 칠 줄 안다."

吉州禾山澄源無殷禪師 垂語云 習學 謂之聞 絶學 謂之鄰 過此二者
是爲眞 僧問 如何是眞 師云 解打皷 問如何是眞諦 師云 解打皷 問
卽心卽佛 卽不問 如何是非心非佛 師云 解打皷 問向上人來 如何接
師云 解打皷

∽ 설두현 선사 송

한 사람은 돌을 던지게 하고 또 한 사람은 흙을 나르게 했다[35]
모름지기 천 균의 쇠뇌를 기틀에서 쏨일세
상골산 노사도 일찍이 공을 굴린 바 있으나
어찌 화산이 북 칠 줄 안다 한 것과 견줄 수 있으랴
그대에게 권하노니 어물어물하지 말라
단 것은 달고, 쓴 것은 쓰니라

雪竇顯 頌
一拽石二搬土
發機須是千鈞弩
象骨老師曾輥毬
爭似禾山解打鼓
報君知莫莽鹵
甜者甜兮苦者苦

---

35) 귀종 선사는 돌을 던지게 한 다음 유나에게 물었다. "무엇인가?" 유나가 "돌을 던
졌습니다."라고 대답하자, "가운데에 있는 나무를 건드리지 말라."라고 하였다. 목
평 화상은 누구든지 새로 온 이에게 흙을 세 번 나르게 했는데, 한 선승은 긍정하
지 않고 "세 번 내에는 묻지 않겠으니, 세 번 외에는 무엇입니까?"라고 물었다. 목
평 화상이 "천륜천자가 세상에 명을 내린다."라고 이르자, 대답이 없으니 목평 화
상이 때렸다. 이 두 공안을 말한다.

☞ 투자청 선사 송

옷의 실오라기를 집어든 곳[36]에 사람들 말도 많았으나
화산이 한 구절로 전한 것만 하리오
북을 친다 한 소리에 우주가 떠들썩함이여
찬 얼음 천 길 아래, 문득 연꽃 핌일세

投子靑 頌
布毛拈處費人言
爭似禾山一句傳
打皷一聲喧宇宙
氷寒千丈忽生蓮

---

36) 조과 선사가 옷에 붙어있는 실오라기를 집어들어 부니 회통이 마침내 현묘한 이치
를 깨달았다.

∽ 대각련 선사 송

앞 양쪽이 통하고 뒤 양쪽도 통함이여
하늘 땅에 가득히 북소리 둥둥 떠들썩하건만
옆집에선 귀를 기울여도 다 벙어리같구나
삼경 달이 연화궁에 뜸이여
서리를 머금은 천고의 하늘 높이 부는 큰 바람소리인데
그 소리 어찌 없다 하랴
새벽광명 먼저 동방 부상³⁷⁾을 비친다

大覺璉 頌
前兩通後兩通
普天匝地喧鼕鼕
傍家側耳俱如聾
三更月上蓮花宮
含霜千古鳴天風
嗚唎作麽無
曉光先照扶桑東

---

37) 부상(扶桑) : 동방의 해가 뜨는 지방.

∽ 지해일 선사 송

일·이·삼·사·오
화산이 북을 칠 줄 안다 함일세
소리를 보는 묘한 지혜의 힘이
세간의 괴로움을 건진다

智海逸 頌
一二三四五
禾山解打皷
觀音妙智力
能救世間苦

∽ 심문분 선사 송

어느 날, 어느 때에도 자유로움 없다고들 하니
둥두둥 북 치는 것을 그칠 수가 없구나
뜻이 있어 부른 줄 알아야 하건만
아무도 출두하는 사람 없으니 어찌하리오

心聞賁 頌
無日無時不自由
鼕鼕打鼓未能休
也知有意相呼召
爭奈無人敢出頭

∽ 오조계 선사가 이 칙을 들고 말하였다.

화산 선사는 처음을 삼갈 줄만 알았고, 끝을 지킬 줄은 몰랐도다.

五祖戒 拈 禾山 只解愼初 不解護末

ᗍ 고목성 선사가 상당하여 이 칙을 들고 말하였다.

　여러분! 그 선승의 물음은 각각 달랐거늘 화산 선사는 어째서 똑같이 대답했을까? 여러분은 밝게 가려낼 수 있는가?
　만일 밝게 가려낸다면 비로소 화산 선사가 종일 이야기를 하여도 일찍이 입술 하나 까딱하지 않은 소식을 보겠지만, 만일 그렇지 못하다 해도 불성에 대해 어리둥절하거나 진여에 대해 애매한 것을 삼가라.
　참!

　枯木成　上堂擧此話云　諸仁者　這僧　問旣不同　禾山　因甚麽　答無異語　諸人　還辨明得麽　若也辨明得去　方見禾山　終日言談語論　不曾動着唇吻　其或未然　切忌顢頇佛性　儱侗眞如　叅

ↂ 심문분 선사가 상당하여 이 칙에서 "진(眞)이라 하느니라." 한 것까지 들고 말하였다.

이미 이 두 가지를 초월한 이라면 또 무엇을 가리켜 진(眞)이라고 하겠는가? 알겠는가?

조 법사가 가을바람 부는 숲 속의 나무 밑에서 거닐다가 앉았다 누웠다 한다. 그대들은 자기 분상에서 조금도 움직이지 말라. 움직 이면 낙엽이 어지러이 떨어지는 꼴을 보리라.

心聞賁 上堂擧此話至眞師云 旣曰過此二者 又指什麼作眞 還會麼 肇法師 化作秋風在林閒 樹下 經行坐臥 汝等諸人 自己分上 切不得 動着 動着 便見黃葉紛飛

대원 문재현은 이 칙을 모두 들고나서 이르노라.

상쾌하고 상쾌한지고.

화산의 북 칠 줄을 안다는 기발함은
삼복의 더위 속에 서늘한 바람이고
가장 높은 산봉의 호연지기 그것일세

하.
하.
하.

1182칙 두드리고 갈고 갈아 잊혀질 수 없을 때

 본 칙

홍주 늑담 명 선사에게 어떤 선승이 물었다.
"두드리고 갈고 갈아 잊혀질 수 없을 때가 어떠합니까?"
늑담 선사가 대답하였다.
"사나운 범의 입 안에 살아있는 참새니라."

洪州泐潭明禪師 因僧問 碓擣磨磨不得忘却時如何 師云 猛虎口裏
活雀兒

∽ 단하순 선사 송

일념으로 한가해서 세월을 알 수 없는데
껍질이 다 벗겨져 떨어지니 그대로 완전함이여
먼 하늘, 밤마다 거울같이 맑은데
만 리에 구름 없어 달만 홀로 두렷하네

丹霞淳 頌
一念蕭蕭不記年
皮膚脫落自完全
長天夜夜清如鏡
萬里無雲孤月圓

대원 문재현은 이 칙을 모두 들고나서 이르노라.

산을 쳐다보고
(큰 소리로)
험!

1183칙 본래의 부모

본 칙

수주 호국 수징 정과 선사에게 어떤 선승이 물었다.
"어떤 것이 본래의 부모입니까?"
호국 선사가 대답하였다.
"머리가 희어지지 않는 것이니라."
선승이 다시 물었다.
"무엇으로 봉양하리까?"
호국 선사가 대답하였다.
"정성스럽게 쌀밥을 먹일 것도 없고, 방 앞에서 친히 문안할 것도
없느니라."

隨州護國守澄淨果禪師 因僧問 如何是本來父母 師云 頭不白者 僧
云 將何奉獻 師云 殷勤無米飯 堂前 不問親

∽ 단하순 선사 송

문을 나섬에 온 세계에 두루하나 벗할 이 없고
방에 듦에 눈에 가득하나 친히 보았다 할 것도 없네
빈 집에 방이 찬데 무엇이 있으랴
푸른 하늘, 밝은 달만 짝이 되누나

丹霞淳 頌
出門徧界無知己
入戶盈眸不見親
虛室夜寒何所有
碧天明月頗爲鄰

∽ 천동각 선사 송

세상 꿈은 짧고, 겁호는 넓은데
어떤 사람이 멈춰 서서 안을 보는가[38]
표범 무늬 변하고 안개 짙은데[39]
용이 숨어 살지 않으니 못이 차네
사람마다 두 눈을 맑게 하려면
먼저 해골의 물을 빼서 말려라

天童覺 頌
世夢短劫壺寬　　底人退步裏頭看
豹變文而霧重　　龍不臥而潭寒
欲使人人雙眼冷　　要須先瀝髑髏乾

---

38) 후한시대에 호공(壺公)이라는 이가 있었다. 그는 저자거리에 나가서 사람들의 병을
　　봐주고 약을 팔다가 일을 마치면 늘 메고 다니는 항아리 속으로 들어갔는데, 누구
　　도 항아리 속을 볼 수 없었다. 하루는 비장방이라는 이가 저자거리에 나왔는데, 그
　　만은 항아리 속을 볼 수 있었다. 항아리 속에는 신선세계가 펼쳐져 있었는데 그가
　　들어가니 호공이 말하기를 "네가 항아리 속이 보이는 것은 가르칠 만한 사람이기
　　때문이다. 세속 사람이 무지한 것은 억겁으로 두터운 겁의 업을 쌓았기 때문이다."
　　라고 하였다.
39) 남산에 검은 표범이 있었는데 안개 끼고 비 내리는 7일간 아무 것도 먹지 않아 털
　　의 색이 변해서 천적을 피할 수 있었다고 한다. 그래서 이는 숨어서 다른 사람의
　　해침을 피하는 사람을 말한다.

∽ 천동각 선사가 다시 상당하여 이 칙을 들고 말하였다.

마음이 깨끗하고 눈이 청정한 광명을 비추는 것만으로는 아직 납
승의 안심입명처라 할 수 없다. 말해보라. 끝내 어찌해야 하는가?
(잠잠히 있다가)
삼경에 달은 지고 밤 둥지도 찬데, 옥 수풀에서도 묵지 않는 천
년 묵은 학이로세.

又 上堂擧此話云 室生虛白 眼照淸光 猶未是衲僧安身立命處 且道
畢竟作麼生 良久云 三更月落夜巢寒 瓊林不宿千年鶴

◌ 천동각 선사가 다시 소참 때에 이 칙을 들고 말하였다.

　물안개가 멀리 걷힐 때라 해도 정이 남아 있는 것이고, 풍운이 모이는 곳이라면 공(功)을 향함이 있는 걸세. 설사 같은 빛으로 한 집안을 이루었다 할지라도 아직 그 사람과 일체되었다고는 못 하리니, 말해보라. 끝내 어찌해야 하는가?
　(잠잠히 있다가)
　나무사람이 밤중에 한 말이라 밖의 사람이 알았다는 것을 허락할 수 없느니라.

　又小叅擧此話云　煙水隔時迂踈情在　風雲會處　向去功存　直饒同一色成一家　尙未與那人體合　且道　畢竟如何　良久云　木人　夜半言　不許外人識

대원 문재현은 이 칙을 모두 들고나서 이르노라.

　어떤 이가 내게 "어떤 것이 본래의 부모입니까?" 묻는다면 "그
뿐이다." 했을 것이다.
　이변의 도리라 하겠는가, 격외의 도리라 하겠는가?
　가려내보라.

1184칙 본래의 마음

본 칙

호국 선사에게 어떤 선승이 물었다.

"어떤 것이 본래의 마음입니까?"

호국 선사가 대답하였다.

"물소가 달구경을 하노라니 뿔에 무늬가 생기고, 코끼리가 우레에 놀라니 꽃이 어금니로 들어간다."

護國 因僧問 如何是本來心 師云 犀因翫月紋生角 象被雷驚花入牙

∽ 단하순 선사 송

세 다리의 신령한 거북이 거친 길을 달리고
한 가지의 상서로운 풀이 험한 봉우리에 드리웠다
산 언덕에 옥이 들었으면 산이 먼저 윤택하나
달 속의 토끼가 새끼를 잉태해도 달은 끝내 알지 못한다

丹霞淳 頌
三脚靈龜荒徑走
一枝瑞草亂峯垂
崑崗含玉山先潤
凉兎懷胎月未知

∽ 천동각 선사가 상당하여 이 칙을 들고 말하였다.

　즉함이라고도 못하며, 여윔이라고도 못하고, 취하는 것이라고 못
하며, 버리는 것이라고도 못하고, 동은 동이요, 서는 서이니, 누가
위이며, 누가 아래랴.
　굽을 때에는 세속을 따라주어 공을 잊고, 곧을 때에는 참답게 응
하여서 빌리지 않는다. 말해보라. 어떻게 체득하겠는가?
　알겠는가? 구슬 중에 불이 있는 줄, 그대여 믿으라. 하늘을 향해
태양에게 물으려 말아라.

　天童覺 上堂擧此話云 不卽不離 非取非捨 自東自西 誰上誰下 委曲
也 順俗亡功 驀直也 應眞不借 且道 作麼生體悉 還會麼 珠中有火
君須信 休向天邊問大陽

대원 문재현은 이 칙을 모두 들고나서 이르노라.

　나라면 이 선승의 질문에 "습득[40]이가 나 먼저 이르는구나." 했을
것이다.

---

40) 습득 : 길에서 얻어 기른 개. 그래서 습득이라 부르는데 이 공안에 대해 대원 선사
　　님이 이를 때 짖고 있었다.

1185칙 마른 소나무에 학이 서 있을 때

본 칙

호국 선사에게 어떤 선승이 물었다.

"마른 소나무에 학이 서 있을 때가 어떠합니까?"

호국 선사가 대답하였다.

"땅바닥에서 한바탕 부끄러워하라."

선승이 다시 물었다.

"방울물이 방울로 얼 때가 어떠합니까?"

호국 선사가 대답하였다.

"해 솟은 뒤에 한바탕 부끄러워하라."

선승이 다시 물었다.

"회창 연간에 불법이 도태당할 때엔 호법선신이 어디를 갔었습니까?"

호국 선사가 대답하였다.

"삼문(三門)의 머리 두 개가 한바탕 부끄러워한다."

護國 因僧問 鶴立枯松時如何 師云 地下底一場懡㦬 僧云 滴水滴凍
時如何 師云 日出後一場懡㦬 僧云 會昌沙汰時護法善神 向什麼處去
也 師云 三門頭兩个 一場懡㦬

⌒ 정엄수 선사 송

외로운 솔 위에 서 있는 학, 같은 무리가 없으니
어찌 오리나 닭의 무리와 같이 가벼이 보랴
요양에서 날아올라 신선이 되어서는 자취 흔적 없음이여
신령한 나무 높건만 봉이 살지 않네

淨嚴邃 頌
鶴立孤松類莫齊
豈同鵝鴨狎群鷄
遼陽化去無蹤跡
靈木迢然鳳不棲

∽ 정엄수 선사가 다시 송하였다.

방울물이 방울로 어는 일, 높고 맑지만
동쪽에 해 솟으면 가둬주지 못하네
시냇물이 어떻게 멈출 수 있으랴
마침내 큰 바다로 들어가 파도 되네

又頌
氷生滴水事淸高
日出東方便不牢
溪澗豈能留得住
終歸大海作波濤

∽ 정엄수 선사가 다시 송하였다.

오랜 절 문 앞의 호법선신이
회창의 사태 때엔 코끝이 매웠겠네
때가 되면 하늘과 땅 모두 힘써서
끝내는 도 있는 임금이 복위한다

又頌
古寺門前護法神
會昌沙汰鼻頭辛
時來天地皆同力
究竟還他有道君

∽ 천동각 선사 송

장한 뜻 강하고 곧아 귀밑 털 희지도 않았으니
장부로 제후에 봉해지지 않았다고 성내지도 않는다네
뒤집은 맑고 깨끗한 생각을 전하는 집안의 객이라
귀 씻은 개울물을 소에게도 안 먹인다네

天童覺 頌
壯志稜稜鬢未秋
男兒不憤不封候
翻思清白傳家客
洗耳溪頭不飲牛

대원 문재현은 이 칙을 모두 들고나서 이르노라.

　나는 호국 선사와 같지 않아서 첫 물음에도 한 방망이, 둘째 물음
에도 한 방망이, 셋째 물음에도 한 방망이를 내렸을 것이다.
　험.

1186칙 마음과 법을 쌍으로 잊을 때

 본 칙

호국 선사에게 어떤 선승이 물었다.
"마음과 법을 쌍으로 잊을 때가 어떠합니까?"
호국 선사가 대답하였다.
"낯 씻을 것도 없느니라."
선승이 다시 물었다.
"달이 싸늘한 못에 잠길 때가 어떠합니까?"
호국 선사가 대답하였다.
"낯 씻을 것도 없느니라."
선승이 다시 물었다.
"광명과 경계를 모두 잊은 때가 어떠합니까?"
호국 선사가 대답하였다.
"낯 씻을 것도 없느니라."

護國 因僧問 心法雙忘時如何 師云 不洗面 又問月落寒潭時如何 師
云 不洗面 又問光境俱忘時如何 師云 不洗面

∽ 지해일 선사 송

호국 노선사가 온통인 눈이 트이니
마치 둥근 거울이 높은 대에 걸림 같네
한 줄기 찬 빛이 천 리나 밝은데
곱거나 추하거나 비추지 않음이 있으랴

智海逸 頌
護國禪翁隻眼開
還如軒鏡掛高臺
寒光一道明千里
有底姸媸不照來

∽ 장산전 선사 송

낯 씻을 것도 없다는 말, 누가 보았는가
찬 못에 달이 떨어짐일세
유리궁전으로 뛰어드니
문 밖의 행인들 구경이 끝없는데
험한 산을 홀로 대해 한 곡조 불이여
동쪽 언덕에는 지문이요 남서에는 물이로세
봄이 오면 여전히 버들가지 푸르니라

蔣山泉 頌
不洗面誰得見
寒潭月落時
走入瑠璃殿門外
行人看不足
獨對亂山吹一曲
智門東畔水南西
春來楊柳依前綠

대원 문재현은 이 칙을 모두 듣고나서 이르노라.

　그 선승이 내게 "마음과 법을 쌍으로 잊을 때가 어떠합니까?"라고 물었다면 "험." 했을 것이고, "달이 싸늘한 못에 잠길 때가 어떠합니까?"라고 물었다면 "험." 했을 것이며, 또 "광명과 경계를 모두 잊은 때가 어떠합니까?"라고 물었을 때에도 "험." 했을 것이다.

1187칙 곧바로 가르쳐 주십시오

 본 칙

안주 대안산 성 선사에게 어떤 선승이 물었다.
"사구를 떠나고 백비를 끊어서 곧바로 가르쳐 주십시오."[41]
대안 선사가 대답하였다.
"우리 왕의 고방에는 그런 칼이 없느니라."

安州大安山省禪師因曾問　離四句絶百非　請師直指　師云　我王庫內
無如是刀

---

41) 사구(四句)란 일이유무(一異有無)의 네 가지 범주를 말한다. 백비(百非)는 사구로부
터 나온다. 이를테면 유를 보면 유(有), 비유(非有), 유역비유(有亦非有), 비유역비비
유(非有亦非非有)로 되며 일이유무(一異有無) 네 가지이므로 16개가 되며, 이 16개
가 다시 과거, 현재, 미래 삼세가 되니 48개가 된다. 여기에 이미 일어난 것과 일어
나지 않은 것으로 나누어 합치면 96이 되고 처음의 사구를 합치면 100이 된다. 이
렇게 하여 백비라 한다. 백비는 일체의 언어표현을 말한다.

～ 심문분 선사가 이 칙을 들고 말하였다.

  대안 선사가 좌우에 데리고 다니는 것은 없었더라도, 그 선승을 따라 달리기는 하였다.
  영리한 이가 산승의 지적한 곳을 알아내면 곧장 목전임을 깨달아 의심하거나 어긋날 것이 없으리라.

  心聞賁 擧此話云 大安 不帶左右 要且隨這僧走 靈利漢 識得山僧指
處 便覺目前無怪差

대원 문재현은 이 칙을 모두 들고나서 이르노라.

그때 대안 선사는 "험! 그런 말도 있더냐?" 했어야 했다.

1188칙 신령한 싹이 곳곳마다 돋아납니다

〇〇〇〇〇 본 칙

양주 석문산 헌온 선사가 청림에서 원두 소임을 보았다.
어느 날, 모시고 서있는데 청림 선사가 물었다.
"그대는 날마다 무엇을 하는가?"
헌온 선사가 대답하였다.
"채소를 심습니다."
이에 청림 선사가 다시 물었다.
"온 세계가 부처님의 몸이거늘 그대는 어디에다 심는가?"
헌온 선사가 대답하였다.
"금호미를 흙에서 놀리자마자 신령한 싹이 곳곳마다 돋아납니
다."
청림 선사가 기뻐하였다.

襄州石門山獻蘊禪師在靑林 作園頭 一日歸侍立次 林云 子每日做
什麽來 師云 種菜來 林云 遍界是佛身 子向什麽處種 師云 金鋤才動
土 靈苗在處生 林 乃忻然

∽ 대각련 선사 송

온 세계가 공왕(空王)의 몸이니

당처를 떠나서 어떻게 살랴

금호미로 한 번 파자마자

신령한 잎이 천 줄기 자란다

날씨가 가물어도 끝내 시들지 않고

장마가 계속되어도 눕지 않는다

자손이 그 맛에 젖어서 사는지라

캐어서 국을 끓이건 마음대로 하게 한다

大覺璉 頌

遍界空王體

寧離當處生

金鋤才一钁

靈葉長千莖

天旱終非悴

霖霪信不傾

子孫霑昧在

採採任爲羹

ᔕ 투자청 선사가 이 칙을 들고 말하였다.

알겠는가? 봄바람이 지나간 후에는 높고 낮은 곳에 풀이 저절로 돋느니라.

投子青 拈 還會麼 但得春風後 高低草自生

대원 문재현은 이 칙을 모두 들고나서 이르노라.

　전에 어떤 이가 와서 "'온 세계가 부처님의 몸이거늘 그대는 어디에다 씨앗을 심는가?'라고 청림 선사가 원두 소임을 보는 선승에게 물었습니다. 이 질문을 선사님께서 받았다면 무어라 하시겠습니까?"라고 묻기에 "만상도 자루 없는 호미 끝에서 이루어졌다." 했다.

1189칙 어떤 것이 화상의 가풍입니까

 본 칙

석문 선사에게 어떤 선승이 물었다.
"어떤 것이 화상의 가풍입니까?"
석문 선사가 대답하였다.
"세상 밖에서 천 리의 코끼리를 혼자서 타고, 만 년 묵은 소나무 밑에서 금종을 치노라."

石門 因僧問 如何是和尙家風 師云 物外獨騎千里象 萬年松下 擊金
鍾

∽ 단하순 선사 송

야명주렴 밖엔 달이 어스름한데
코끼리 타고 몸을 날려 보배종을 치누나
우렁찬 울림이 삼계 밖으로 퍼졌거늘
귀머거린 어찌하여 아직 잠이 깊은가

丹霞淳 頌
夜明簾外月朦朧
騎象翻身擊寶鍾
洪韻上騰三界外
聾夫何事睡猶濃

대원 문재현은 이 칙을 모두 들고나서 이르노라.

 이 사람이 이런 질문을 받았다면 "솔을 보면 푸르다고 하고, 장미를 보면 붉다고 한다." 했을 것이다.

1190칙 법신을 꿰뚫는 구절

본 칙

양주 만동산 광덕 의 선사에게 어떤 선승이 물었다.
"어떤 것이 법신을 꿰뚫는 구절입니까?"
광덕 선사가 대답하였다.
"산수에 오를 힘도 없고, 띠집에는 지음자마저 끊어졌다."

襄州萬銅山廣德義禪師 因僧問 如何是透法身句 師云 無力登山水
茅戶 絶知音

∽ 단하순 선사 송

묘함을 체득하고 부사의함을 탐구하며 길을 다니기를 다한다 하나
그 어찌 촌노인의 이류중행[42]만 하랴
공(功)마저도 잊은 일상생활이 평온하니
군왕을 섬기는 은혜와 욕됨에 어지러워지는 일을 모두 면했느니라

丹霞淳 頌
體妙探玄盡涉程
爭如野老異中行
功忘日用平懷穩
免事君王寵辱驚

---

42) 이류중행(異類中行). 다른 종류의 것을 들어서 자성의 면목과 이치를 드러내는
    것.

대원 문재현은 이 칙을 모두 들고나서 이르노라.

이 사람은 광덕 선사 같지 않아 "어떤 것이 법신을 꿰뚫는 구절입니까?" 하면 "제주도 돌하루방이니라." 하리라.

1191칙 영리한 사람

본 칙

광덕 선사에게 어떤 선승이 물었다.
"어떤 것이 영리한 사람입니까?"
광덕 선사가 대답하였다.
"유마가 방장을 떠나지 않은 줄을 문수는 도착하기 전에 미리 알
았느니라."
선승이 다시 물었다.
"어떤 것이 영리한 사람입니까?"
광덕 선사가 대답하였다.
"때에 찌든 적삼을 비누로 빠느니라."
선승이 다시 물었다.
"어떤 것이 영리한 사람입니까?"
광덕 선사가 대답하였다.
"오래된 무덤의 독사 머리에 뿔이 돋았느니라."

廣德 因僧問 如何是伶利底人 師云 維摩不離方丈室 文殊未到早先
知 又問如何是伶利底人 師云 垢膩汗衫 皂角洗 又問如何是伶利底人
師云 古墓毒蛇頭戴角

∽ 천동각 선사가 이 칙을 들고 말하였다.

한 구절은 긴요한 관문을 꽉 잡고 있고, 한 구절은 궤칙이 없으며, 한 구절은 본체와 작용이 쌍으로 비친다.
만일 어떤 사람이 깨달아 알면 그는 영리하다 하리라. 분명한가?
마른 거북의 묘함은 손빈[43]의 손에 있으니, 한 번 태우면 다시 열 십 자의 무늬로 나뉘어지느니라.[44]

天童覺 擧此話云 一句子 把定要關 一句子 不存軌則 一句子 體用雙照 若人 會得 許你伶利 還端的麽 枯龜妙在孫賓手 一灼又分十字文

---

43) 손빈(孫賓) : 전국시대 제나라의 병법가.
44) 옛 중국에서 점을 칠 때, 거북의 등에 숯불을 대서 무늬가 갈라지는 것을 보고 점을 쳤다.

대원 문재현은 이 칙을 모두 들고나서 이르노라.

　이 사람은 광덕 선사와 같지 않아서 첫 물음에는 "덕유산 계곡은 물이 좋다." 하고, 두 번째 물음에는 "장자는 큰 아들이다." 하고, 세 번째 물음에는 "차나 들라." 하리라.

1192칙 주장자

 본 칙

영주 파초산 혜정 선사가 대중에게 보이고 말하였다.
"그대가 주장자가 있다 하면 나는 그대에게 주장자를 주고, 그대
가 주장자가 없다 하면 나는 그대에게서 주장자를 빼앗으리라."

郢州芭蕉山慧情禪師示衆云 你有柱杖子 我與你柱杖子 你無柱杖子
我奪你柱杖子

∽ 투자청 선사 송

있음과 없음, 고금에 두 겹의 관문이니
바른 눈 가진 선객도 초월하기 어렵다
대도(大道)인 장안길에 통하고자 하거든
곤륜이 가고 온다는 것을 들었다고도 말라

投子青 頌
有無今古兩重關
正眼禪人過者難
欲通大道長安路
莫聽崑崙叙往還

∽ 지해일 선사 송

파초의 대중에게 보임은 세상에는 짝할 바 없고
주었다 빼앗았다 종횡함에 친하기 어렵다고?
비 뿌리던 구름 걷히면 어느 곳으로 가겠는가?
부질없이 떠도는 이에게 눈물 젖은 수건만 더해주는 것일세

智海逸 頌
芭蕉示衆世無鄰
與奪縱橫不易親
雨散雲收何處去
空令遊子泪沾巾

∽ 보녕용 선사 송

그대 앞에 있다 하면 집어가고
등 뒤에 없다 하면 빼앗아 오리라
오래 된 주장자 빛나건만 가련하구나[45]
두드리면 천 문, 만 문이 열리거늘…

保寧勇 頌
你有面前拈取去
如無背後奪將來
可憐黑柒光生底
擊着千門萬戶開

---

45) 원문의 혹칠(黑柒)이란 아주 오래 된 물건이 손때를 타서 빛나는 것을 말한다. 본
   칙의 '주장자'를 가리킨다 하겠다.

∞ 취암종 선사 송

펴도 자취가 없고, 걷어도 흔적이 없음이여
한낮의 맑은 하늘에 천둥일세
납자가 놀라서 길머리를 잃었으니
불가사의한 부르짖음, 불가사의한 곡, 다함을 어찌할꼬

翠嵓宗 頌
舒無蹤卷無跡
日午晴空轟霹靂
衲子驚迷失路頭
神號鬼哭知何極

◌ 운문고 선사 송

십자 네거리에서
버젓이 진짜 물건을 돌리는 게 보이는데
의심하여 헤아리고자 하다가
칠통이 지나쳐버리네

雲門杲 頌
十字街頭
見成行貨
擬欲商量
柒桶蹉過

∽ 죽암규 선사 송

면주(綿州)엔 부자(附子)요, 한주(漢州)는 생강이지만
가장 좋기는 침여에서 나온 사향일세
노자(魯子)의 한 스님이 냄새를 맡다가
코끝은 찢어지고 눈알은 노래졌다네

竹庵珪 頌
綿州附子漢州薑
最好沉黎出麝香
魯子師僧才一嗅
鼻頭裂破眼睛黃

∽ 개암붕 선사 송

있고 없음, 주고 빼앗음 집어내고 물리침을 갖춤이여
풀이 덮인 성 밖에 늙은 범 돌연 나타나니
영각하는 한 소리에 천지가 고요하고
자연히 시원한 청풍(淸風)이 일어나네

介庵朋 頌
有無與奪俱拈却
突出荒郊老大蟲
哮吼一聲天地靜
自然颼颼起淸風

∽ 열재 거사 송

머리부터 꼬리까지 반듯하거나 비껴두거나 맡기노니
한 생각 냈다 하면 본 집을 여의리라
서쪽 절에서 '완완'이라 하는 것을
동쪽 마을에서는 '아사사'라고 한다

悅齋居士 頌
頭端尾正任橫斜
一念才生離本家
西寺呼爲且緩緩
東村喚作阿㖿㖿

෴ 투자청 선사가 이 칙을 들고 말하였다.

사람이 멀리 내다봄이 없으면 반드시 가까이 근심이 있느니라.

投子青 拈 人無遠見 必有近憂

ᄋᄉ 장산전 선사가 이 칙을 들고 말하였다.

있을 때에 주기는 쉽지만 없을 때 빼앗기는 어렵다. 그대들이 만
일 체험한 구절을 말하면 장산은 그에게 주장자를 주리라.

蔣山泉 拈 有時與則易 無時奪則難 你若道得相接句 蔣山與你拄杖
子

↻ 장산원 선사가 상당하여 이 칙을 들고, 이어 무전 화상이 "그대가 주장자가 있다 하면 나는 그대에게서 주장자를 빼앗고, 그대가 주장자가 없다 하면 나는 그대에게 주장자를 주리라." 한 것을 들고 말하였다.

파초 선사는 재주를 헤아려 벼슬을 주었으니, 본체의 덕에 공을 더했고, 무전은 불가사의한 지략을 잘 꺾어 꼭 죽을 목숨을 살렸다. 이 두 존숙을 보라. 각각 문 밖의 방편이 있으니 그 묘함을 갖추었느니라.

(주장자를 세우고)

천봉은 여러분 손의 것을 빼앗지도 않고, 여러분에게 주지도 않으련다. 말해보라. 누구에게 주랴? 저 덕산 선사에게나 주면 그 노장이 한 번 치리라.

蔣山元 上堂擧此話 連擧武泉和尙 云 你有柱杖子 我奪却你柱杖子 你無柱杖子 我與你柱杖子 師云 芭蕉 能度才任職 體德加勳 武泉 善挫神將之謀 活必死之命 看他兩員尊宿 各有閫外之權 俱得其妙 乃竪柱杖子云 天峯 且不從諸人手裏奪來 亦不分付諸人 且道 分付阿誰 却分付與德山這漢 卓一卓

✆ 천동각 선사가 이 칙을 들고 말하였다.

그대가 있다 하면 일체에도 있는 것이고, 그대가 없다 하면 일체
에도 없는 것이다. 있다 하거나 없다 하거나 당사자에게 주고 빼앗
음일 뿐 파초 선사에게 무슨 관계가 있으랴.
  바로 이럴 때에 어떤 것이 그대의 주장자인가?

  天童覺 拈 你有則一切有 你無則一切無 有無 自是當人與奪 關芭蕉
甚事 正伊麼時作麼生是你柱杖子

ᐎ 진정문 선사가 상당하여 주장자를 집어 들고 말하였다.

열반의 마음은 깨닫기 쉽거니와 차별의 지혜는 밝히기 어려우니라.

(이 칙을 든 뒤에)

귀종은 그렇게 하지 않으리니 그대에게 주장자가 있다 하면 나는 그대에게서 주장자를 빼앗고, 그대에게 주장자가 없다 하면 나는 그대에게 주장자를 주리라.

대중들이여, 파초 선사는 그렇게 하였고, 귀종은 그렇게 하지 않았으니, 말해보라. 그렇게 한 것이 옳은가, 그렇게 하지 않은 것이 옳은가?

(주장자를 던지고)

이게 무엇인가?

(잠잠히 있다가)

옳은 즉 용녀[46]가 단박에 성불함이요, 그른 즉 선성[47]이 산 채로 지옥에 떨어짐이다.

---

46) 용녀(龍女) : 법화경 제바달다품에는, 용왕의 지혜로운 딸이 8세 때 문수보살의 교화로 진리를 깨닫고 남자로 변신하여 보살행을 닦아 남방 무후세계에 가서 성불하였다는 용녀성불(龍女成佛)에 관한 이야기가 있다.

47) 선성(善星) : 선성은 열반경에 나오는데 부처님을 오랫동안 모시고 사선정을 얻었지만, 부처님 말씀을 믿지 않고 비방한다. 무상의 덫에 걸려서 인(因)도 과(果)도 없다고 주장하다가 산 채로 지옥에 떨어졌다.

眞淨文 上堂拈柱杖云 涅槃心 易曉 差別智 難明 乃擧此話云 歸宗
卽不然 你有柱杖子 我奪却你柱杖子 你無柱杖子 我與你柱杖子 大衆
芭蕉 與麼 歸宗 不恁麼 且道 與麼是 不與麼是 擲下柱杖云 是什麼
良久云 是卽龍女頓成佛 非卽善星生陷墜

ᒧ 진정문 선사가 다시 상당하여 이 칙을 들고 말하였다.

 대중들이여, 돈을 보고 사고 파는 남의 속임을 받지 말라. 알겠는
가? 이익이 있든 이익이 없든 화폐가 유통되는 것을 여의지는 못
했도다.
 아하하! 조주가 노파를 감정한 일을 기억하건대 풍류 없는 곳에
풍류로다.
 악!

 又上堂擧此話云 大衆 見錢買賣 莫受人謾 知麽 有利無利 不離行布
阿呵呵却憶趙州勘婆子 不風流處也風流 喝一喝

∽ 도솔조 선사가 상당하여 말하였다.

달마 대사가 서쪽에서 와서 한 줄기 주장자를 주셨다.
(주장자를 들어 세우고)
그러기에 "그대가 주장자가 있다 하면 (중략) 빼앗으리라." 했으니, 말해보라. 어느 쪽이 손의 구절이며, 어느 쪽이 주인의 구절인가?
만일 결단해냈다 해도 길 가운데에서 수용한 것이요, 만일 결단해내지 못했다면 세상 도리만이 퍼지리라.
(주장자를 던지다.)

兜率照 上堂云 達磨西來 分付一條柱杖 乃拈起云 所以道你有柱杖 至奪你柱杖 且道 那箇是賓句 那箇是主句 若斷得去則途中受用 若斷不得 且世諦流布 乃抛下

∽ 죽암규 선사가 상당하여 이 칙을 들고, 이어 오조가 백운단 선사에게 법을 물었더니, 백운단 선사가 "알려는가? 많은 곳에 조금 더하고, 적은 곳에서 조금 더느니라." 한 것을 들고 말하였다.

무슨 까닭인가? 신선의 비결은 부자 사이에도 전할 수 없기 때문이니라. 백운단 선사는 마치 한 푼으로 밑천을 삼아 만 금의 이익을 본 것 같으나 아무리 장사를 잘 하는 사람이라 해도 하루는 낫다가 하루는 가난한 줄은 전혀 몰랐다.

노선사가 "많은 곳에 조금 더하고, 적은 곳에서 조금 더느니라." 했으니, 자연히 도처에서 그런 계산법을 써서 지극히 힘을 덜었을 것이다.

여러분은 알려는가? 많은 곳에 더하고, 적은 곳에서 더는 데에다 바꾸지 말라. 지이절변[48]으로 3배를 더하기 때문이다. 평생에 자식을 두어도 가르칠 것도 없으니, 한 번 속여서 비싸게 파는 데에 떨어져보면 자연히 알게 되리라.

竹庵珪 上堂擧此話 連擧五祖請益白雲端 端云 要會麼 多處 添些子 少處 減些子 師云 何故 神仙秘訣 父子不傳 白雲 大似一錢爲本 萬

---

48) 지이절변(支移折變) : 지이란 계산 방법이다. 절변이란 물건을 팔아서 현금을 만드는 것이다.

錢爲利 殊不知如人善博 日勝日貧 老禪 道 多處添些子 小處 減些子
自然到處 恰好者箇筭法 極省工夫 你諸人 要會麼 多添小減休那兒
支移折變加三倍 平生有子不須教 一回落賺自然會

◌ 심문분 선사가 상당하여 이 칙을 들고, 이어 문관서가 "나는 그렇게 하지 않으리니, 그대에게 주장자가 있으면 나는 그대의 주장자를 빼앗고, 그대에게 주장자가 없으면 나는 그대에게 주장자를 주리라." 한 것을 들고 말하였다.

종사들이 주거나 빼앗거나 거슬리거나 순응함에 손에 든 이 주장자를 내어주지 않은 적이 없다. 그러나 후학들이 그릇되게 의심케 함을 면치 못했다. 만년은 그대에게서 줌이거나 빼앗음이거나 있음이거나 없음을 제거하고 그대에게 주장자를 돌려주리라.

만일 그대가 알았다 하면 아침에 삼천 방망이를 때리고, 저녁에 팔백을 때릴 것이요, 만일 모른다고 하면 일흔두 방망이도 너무 가벼우니 일백오십 방망이로도 그대를 놓아주기 어렵도다.

心聞賁 上堂擧此話 連擧文關西 云我則不與麼 你有柱杖子 我奪你柱杖子 你無柱杖子 我與你柱杖子 師云 宗師家 或與或奪 或逆或順 莫不出手提持這柱杖子 然 且不免疑訛學者 萬年 與你 拈却與奪有無 還你柱杖子 你若會得 朝打三千 暮打八百 你若不會 七十二棒 且輕恕 一百五十 難放君

∽ 심문분 선사가 이 칙을 들고 다시 말하였다.

파초 선사가 저 한 줄기 주장자를 써서 얼마나 많은 사람을 막았으며, 얼마나 많은 길을 막았던가? 서암은 길에서 옳지 못함을 본 것을 그대들을 위해 드러내 보이리라.
(손 안에 있던 주장자를 들어 세우고)
보았는가? 일월궁은 땅에서 팔십사만 리니라.
(주장자를 한 번 내리치고)
들었는가? 도(陶)씨네 벽 위의 북[49]이 구름을 일으키고 안개를 뿜으면서 시방세계를 감로의 비에 빛나게 한다. 그대들은 어디서 파초 노인을 보려는가?

又拈 芭蕉用遮一條柱杖子 隔却多少人 礙却多少路 瑞岩 路見不平 爲你拈看 乃提起手中杖 云 還見麼 日月宮 去地八十四萬里 復卓一下云 還聞麼 陶家壁上 梭 興雲吐霧 往十方世界 霍甘露澤了也 你等諸人 向什麼處 見芭蕉老子

---

49) 진나라의 도간이 뇌택에서 고기잡이를 하다가 북(길쌈할 때 쓰는 실꾸리의 집)이 그물에 걸리자 집의 벽에 무심히 걸어두었는데 천둥이 심한 어느 날 용이 되어 날아갔다는 이야기가 있다.

대원 문재현은 이 칙을 모두 들고나서 이르노라.

혜정 선사시여, 차나 드소서.

1193칙 세 번째에 오라

🪷 본 칙

파초 선사에게 어떤 선승이 물었다.

"어떤 것이 법신을 꿰뚫는 구절입니까?"

파초 선사가 대답하였다.

"첫 번째는 물음이 없고, 두 번째는 그침이 없다."

선승이 말하였다.

"학인이 잘 모르겠습니다."

파초 선사가 말하였다.

"세 번째에는 그대와 서로 만나노라."

芭蕉 因僧問 如何是透法身句 師云 一不得問 二不得休 僧云 學人
不會 師云 第三度來 與你相見

∽ 투자청 선사 송

유마가 병들어 누운 성을 묻지 말라
영산에서 공연히 헛 세월을 보냈구려
사막을 건너는 것 전혀 어려움은 없으나
저쪽 수풀에 우는 꾀꼬리소리도 듣지 말라

投子靑 頌
休問維摩臥病城
靈山空自掩光陰
流沙欲渡全無難
莫聽鸎啼在那林

대원 문재현은 이 칙을 모두 들고나서 이르노라.

파초 선사도 한 방망이, 선승도 한 방망이다.

우렁찬 부사리[50]의 소리에
궁둥이가 푸짐한 암소 응답
광활한 초원 위에 번진다

---

50) 부사리 : 머리로 들이받는 버릇이 있어 싸움 벌이기를 잘 하는 숫소

1194칙 원상을 그려 보이다

 본 칙

길주 자복 여보 선사가 진조 상서가 오는 것을 보자 원상 하나를 그려보이니, 진조가 말하였다.

"제자가 이렇게 온 것도 벌써 편치 못함이거늘 다시 원상을 그리시는군요."

이에 자복 선사가 원상 복판에 한 점을 찍으니, 진조가 말하였다.

"역시 남번의 선주(船主)로군요."[51]

자복 선사는 바로 방장으로 돌아가 문을 닫아 걸었다.

(설두현 선사가 말하였다.

"진조 상서는 온통인 눈을 갖추었다 하리라.")

吉州資福如寶禪師 見陳操尙書來 便畵一圓相 操云 弟子伊麽來 早是不着便 更畵圓相 師於中 着一點 操云 將爲是南番舶主 師便歸方丈 閉却門(雪竇顯云 陳操只具一隻眼)

---

51) 남쪽에서 온 큰 장사꾼. 소금장수. 당시 소금은 국가 전매인데 소금장수라면 불법 거래를 하는 소금암매상을 말하는 것이다.

∽ 설두현 선사 송

둥글고 둥근 구슬로 두르고 옥이 쩔렁거리는 것을
말에 싣고 나귀에 싣더니 무쇠배에 올렸도다
바다와 산의 일 없는 나그네에게 분부하니
자라를 낚을 때엔 주먹을 한 번 쓰니라

(다시 이르기를)
천하의 납승이 아무도 뛰쳐나오지 못하는구나.

雪竇顯 頌
團團珠繞玉珊珊
馬載驢駝上鐵船
分付海山無事客
釣鼇時下一捲攣

師復云 天下衲僧 跳不出

～ 불타손 선사가 이 칙을 들고, 이어 설두 선사의 송을 들고 말하였다.

자복 선사와 진조 상서가 한바탕 허물이 적지 않았거늘 설두 선사가 또다시 병통을 거듭 더하여 보탰도다. 백운은 그렇게 하지 않으리라.

사심 없이 두렷이 비치어 허공계에 가득함으로
보살이 방편 따라 교화의 문 열었네
바다 위의 큰 자라를 한가히 낚아올리면
그러한 주먹을 다시 쓸 것 없다네

佛陀遜 擧此話 連擧雪竇頌 師云 資福陳操 一場敗闕也不少 雪竇
又更重增病累 白雲 卽不然 乃作頌曰
無私圓照滿中天
大士隨方立化門
海上巨鼇閑釣得
不須更下此捲攣

∽ 위산철 선사가 이 칙을 들고 말하였다.

   자복 선사는 비록 본분의 풀무이기는 하나, 진조 상서가 단련을
마친 정금임을 어쩌랴.
   여러분은 자복 선사를 알려는가?
   한가로이 낚시를 한 번 던져서 푸른 물결 속의 용을 격동시켰다.

   潙山喆 拈 資福 雖是本分爐韛 爭奈陳操是煅了精金 諸人 要識資福
麽 等閑擲一釣 驚動碧波龍

⮑ 천동각 선사가 상당하여 이 칙을 들고 말하였다.

자복 선사는 원상을 그렸는데 진조 상서가 그렇게 말했으니, 그 어찌 자복 선사의 함정에 빠진 것이 아니겠는가?

자복 선사가 방장으로 돌아가서 문을 닫아버렸으니, 그 어찌 진조 상서의 함정에 빠진 것이 아니겠는가?

가위 한편은 억누르고, 한편은 드날렸으며, 한편 빼앗고, 한편 놓아주면서 제각기 온통인 손을 내밀어 이 일을 제시하였다.

말해보라. 이 일이란 무엇인가?

큰 자라가 푸른 바다의 물을 다 마시니 산호만이 남아서 밝은 달을 대하네.

天童覺 上堂擧此話云 資福 畫圓相 尙書恁麼道 豈不是落資福袴襠
了也 資福 便歸方丈 閉却門 豈不是落他尙書袴襠了也 可謂一抑一揚
一奪一縱 各出一隻手 提撕此事 且道 是什麼事 巨鼇飮盡滄溟水 留
得珊瑚對月明

෮ 황룡신 선사가 이 칙을 들고 말하였다.

만일 자복 선사가 아니었더라면 진조 상서에게 밀려 거꾸러짐을
당할 뻔하였구나.

黃龍新 拈 若不是資福 幾乎被陳操靠倒

∽ 광령조 선사가 이 칙을 들고 말하였다.

　이 두 사람이 마치 싸움터에 임하여 적과 점점 가까워지다가 각
자 회군하는 것 같구나.
　진조 상서는 선봉만 있고, 후전[52]이 없었으며, 자복 선사는 기틀을
잘 활용했으나 문을 닫고 자기만 살려고 한 격이다.

　廣靈祖 拈 遮兩人 如臨陣扣敵 各自廻軍 且陳操 只有先鋒 更無後
殿 資福 雖能善用其機 也是閉門自活

------

52) 후전(後殿) : 뒤에 있는 큰 부대.

대원 문재현은 이 칙을 모두 들고나서 이르노라.

　자복 선사, 진조 상서 모두가 이 일을 제창하는 데에 노력함이 없
지는 않았으나 용머리에 뱀꼬리격이니 어쩌랴.

　비로봉은 구름 위에 솟아있고
　동해에 고래 출현 장관인데
　서천의 낙조마저 곱구나

1195칙 방망이를 들고 불자를 세운 뜻

🪷 본 칙

자복 선사에게 어떤 선승이 물었다.
"옛사람이 방망이를 들고 불자를 세운 뜻이 무엇입니까?"
자복 선사가 말하였다.
"옛사람이 이랬던가?"
선승이 말하였다.
"방망이를 들고, 불자를 세우면 또 어떻습니까?"
자복 선사가 할을 하여 내쫓았다.

資福 因僧問 古人拈槌竪拂意旨如何 師云 古人伊麼那 僧云 拈槌竪
拂 又作麼生 師便喝出

◌ 운문언 선사의 문답

운문언 선사가 말하였다.
"옛사람이 무슨 안목이던고?"
어떤 선승이 말하였다.
"화상께서 이러심을 나귀해에나 알겠습니까?"
운문언 선사가 선승을 불렀다.
"이리 오너라."
선승이 가까이 오자 운문언 선사가 불자로 그의 입을 후려갈겼
다.

雲門偃 云 古人 是什麽眼目 有僧云 和尙伊麽 驢年會麽 門 乃召僧
云 來來 僧 近前 門 以拂子驀口打

대원 문재현은 이 칙을 모두 들고나서 이르노라.

　어떤 이가 내게 와서 "옛사람이 방망이를 들고, 불자를 세운 뜻이 무엇입니까?"라고 묻는다면 그를 향해 "고추빛 잠자리가 풀 끝에 앉았으니 단발머리 아이가 조심조심 다가선다." 하리라.
　험.

1196칙 한 티끌에서 삼매에 드는 것

 본 칙

자복 선사에게 어떤 선승이 물었다.

"어떤 것이 한 티끌에서 삼매〔正受〕에 드는 것입니까?"

자복 선사가 선정에 드는 시늉을 하니, 선승이 다시 물었다.

"어떤 것이 모든 티끌삼매에서 일으키는 것입니까?"

자복 선사가 말하였다.

"그대는 누구에게 물었는가?"

資福 因僧問 如何是一塵入正受 師作入定勢 僧云 如何是諸塵三昧
起 師云 你問阿誰

∽ 운문언 선사가 이 칙을 들고 말하였다.

저 스님이 말〔言〕에 떨어진 것도 모르는구나.

雲門偃 擧此話云 這阿師 話墮也不知

∽ 운문언 선사가 다시 말하였다.

앞머리에서부터 벌써 어지럽게 뒤엉켜 있거늘 다시 이르기를 "그대는 누구에게 물었는가?" 하였구나.

又云 前頭 早是葛藤 又道你問阿誰

대원 문재현은 이 칙을 모두 들고나서 이르노라.

　내게 어떤 이가 "어떤 것이 한 티끌에서 삼매[正受]에 드는 것입니까?" 한다면 한 손가락을 세울 것이다.
　또 "어떤 것이 모든 티끌의 삼매에서 일으키는 것입니까?" 한다면 다시 한 손가락을 세울 것이다.
　앞의 손가락을 세운 도리와 뒤의 손가락을 세운 도리에 대해 바른 평을 해보라.

1197칙 근원으로 돌아가 요지를 얻는 것

 본 칙

경조 중운 지휘 선사에게 어떤 선승이 물었다.

"어떤 것이 근원에 돌아가 요지를 얻는 것입니까?"

지휘 선사가 말하였다.

"일찌감치 잊어버려 티끌세상에 산다는 생각도 없느니라."

京兆重雲智暉禪師 因僧問 如何是歸根得旨 師云 早時忘却 不憶塵
生

∽ 투자청 선사 송

집 부서지고 사람도 죽었으니, 어느 곳에 의지할 것인가?
마음도 없고 시초도 없건만 돌아갈 말을 청하누나
십년 동안 온 길을 모두 잊었으니
잠시 잠깐 기억조차 전혀 아는 바 없다네

投子靑 頌
家破人亡何處依
無心無緒話求歸
十年忘盡來時路
暫憶些時惣不知

대원 문재현은 이 칙을 모두 들고나서 이르노라.

내게 어떤 이가 "어떤 것이 근원에 돌아가 요지를 얻는 것입니까?" 한다면 이르리라.

그대가 이 시각에 본 것이니
돌용이 구름 속에 새끼 낳고
종이범이 불 속에서 춤춘다

1198칙 깊고 깊은 곳

 본 칙

경조 백운 선장 선사에게 어떤 선승이 물었다.
"어떤 것이 깊고 깊은 곳입니까?"
선장 선사가 대답하였다.
"난장이가 깊은 계곡을 건너느니라."

京兆白雲善藏禪師 因僧問 如何是深深處 師云 矮子渡深溪

◌ 단하순 선사 송

머리 흰 어린 아이의 지혜가 더욱 더하여
한밤중인 삼경에도 아득한 물을 건너니
왕래를 끊임없이 마음대로 하는지라
나룻배도 부낭도 필요치 않다네

丹霞淳 頌
白頭帝子智尤長
半夜三更渡渺茫
任運往來無間斷
不消船艇與浮囊

대원 문재현은 이 칙을 모두 들고나서 이르노라.

  어떤 사람이 내게 "어떤 것이 깊고 깊은 곳입니까?" 하면 "얕고
얕아 바닥까지 없다." 하고 "이변의 도리라 하겠는가, 격외의 도리
라 하겠는가? 말해 보라." 하리라.

1199칙 누군들 없겠는가

 본 칙

담주 보자 장서 광화 대사에게 어떤 선승이 물었다.
"어떤 것이 진여인 불성입니까?"
광화 대사가 대답하였다.
"누군들 없겠는가?"
나중에 어떤 선승이 정과 선사에게 물었다.
"어떤 것이 진여인 불성입니까?"
정과 선사가 대답하였다.
"누군들 있겠는가?"
그 선승이 깨달았다.

潭州報慈藏嶼匡化大師 因僧問 如何是眞如佛性 師云 誰無 後有僧
問淨果 如何是眞如佛性 果云 誰有 其僧 於此 有省

∽ 정엄수 선사 송

누군들 없겠는가, 누군들 있겠는가, 구절 속의 부사의함이여!
겹 관문을 쳐부순 도가 완연함일세
자유자재 농함을 들어서 평할 수 있는 종자기가 아니라면
그 어찌 솔바람 소리를 매미 소리와 같다 하랴

淨嚴遂 頌
誰無誰有句中玄
擊碎重關道宛然
若是子期聽品弄
肯將松韻作秋蟬

대원 문재현은 이 칙을 모두 들고나서 이르노라.

"어떤 것이 진여인 불성입니까?" 하니 광화 대사가 이르기를 "누
군들 없겠는가?" 하고 "어떤 것이 진여인 불성입니까?" 하니 정과
선사는 이르기를 "누군들 있겠는가?" 했으니 말해보라.

광화 대사와 정과 선사의 이렇게 대한 근본을 언어 속에서 찾아
서는 나귀해를 다해도 어림없으니 눈 밝은 이라면 무어라 하겠는
가?

(잠잠히 있다가)

있겠는가 없겠는가 함이여
능숙한 교묘함을 다했어라
수정구슬 보이듯 다하였네

1200칙 일어나고 멸함이 멈추지 않을 때

 본 칙

복주 나산 도한 선사가 처음에 석상 선사를 뵙고 물었다.

"일어나고 멸함이 멈추지 않을 때 어떻게 하리까?"

석상 선사가 말하였다.

"식은 재, 마른 나무같이 가고, 한 생각이 만 년이게 하고, 함과 뚜껑이 맞듯 가고, 온전히 맑아서 티가 없는 것같이 가라."

도한 선사가 계합하지 못하여 다시 암두 선사에게 가서 앞에서와 같이 물었다.

암두 선사가 할을 하고 말하였다.

"누가 일어나고 멸한다 하는가?"

이에 도한 선사가 깨달았다.

福州羅山道閑禪師 初叅石霜問 起滅不停時如何 霜云 直須寒灰枯木去 一念万年去 函盖相應去 全清絶點去 師不契 却往嵓頭處 如前問 嵓頭喝云 是誰起滅 師於此有省

∽ 대홍은 선사 송

구절 속에서 사람을 밝혔으니
누가 친하고 먼 것을 판별하는고?
한산이 손을 부비고
습득이 즐거워한다

大洪恩 頌
句裏明人
孰辨踈親
寒山撫掌
拾得欣欣

∽ 천동각 선사 송

오래 묵은 칡넝쿨을 끊어버리고
여우굴을 때려부수었네
표범이 안개를 입으니 문채가 변하고
용이 우레를 타니 뼈가 바뀌네
돌!
일고 스러짐이 분분하다 했으니 이 무슨 물건인가

天童覺 頌
斫斷老葛藤
打破狐窠窟
豹披霧而變文
龍乘雷而換骨
咄
起滅紛紛是何物

∽ 육왕심 선사 송

누가 일어나고 멸한다 하며
일어나고 멸한다고 하는 것이 누구뇨
구멍을 보아서 쐐기를 박고
아픈 것을 눌러보아 침을 놓는다
토끼를 잡는다고 들오리를 던지며[53]
오랜 세월을 흘려 보냈구나
삼십년 동안 찾은 곳 없음이여
백운과 유수 모두 유유하구나

育王諶 頌

是誰起滅　　　起滅是誰
相孔着楔　　　按痛便錐
兎起鶻落　　　斗轉星移
三十年來無處覓　白雲流水共依依

---

53) 원문에 토기골락(兎起鶻落)이라고 되어 있는데, 여기에는 일화가 있다. 옛날에 어
떤 이가 사냥을 하러 가는데 매를 몰라서 들오리를 사서 사냥을 하러 갔다. 토끼
를 보자 들오리를 던지며 토끼를 잡아오라 했는데, 들오리는 날 줄 모르기 때문
에 계속 땅에 떨어졌다. 들오리가 절뚝거리며 말했다. "나는 들오리여서 사람들에
게 잡혀 먹히는 게 내 본분인데, 왜 이렇게 고통스럽게 잡았다 던졌다 합니까?"
"나는 네가 매인 줄 알았다."라고 하자, 들오리가 자기의 발을 보여주며 "내 발가
락이 이렇게 붙어있는데 무슨 토끼를 잡겠습니까?"라고 말했다 한다.

૭ 보녕수 선사가 이 칙을 들고 말하였다.

대단하다는 석상 선사가 나산 선사의 근본을 몰랐고, 암두 선사
는 비록 그의 근본을 알았으나 용머리에 뱀꼬리가 되었으니 어찌
하랴.
　나산 선사가 설사 깨달았더라도 그의 지독한 속임을 받지 않을
수 없었구려. 그렇다면 이 사람 서현에겐 무슨 뛰어난 바가 있겠는
가?
　(잠잠히 있다가)
　백운은 잠시 푸른 봉우리를 여읠 수 있거니와 명월이야 어찌 푸
른 하늘에서 떨어지랴.

　保寧秀 拈 大小石霜 不識羅山來處 嵓頭 雖然識伊來處 爭奈龍頭蛇
尾 羅山 直饒悟去 不免被他熱謾 旣然如是 捿賢 別有什麽長處 良久
云 白雲乍可離靑嶂 明月 那敎下碧天

ᄻ 송원 선사가 상당하여 이 칙을 들고 말하였다.

옛사람이 자비 때문에 풀섶에 빠지는 이야기를 하였구나.
천복은 그렇게 하지 않으리니, 갑자기 누가 "일어나고 멸함이 멈추지 않을 때 어떻게 하리까?"라고 물으면 다만 할을 한 번 했을 것이다.

松源 上堂擧此話云 古人 慈悲之故 有落草之談 薦福 卽不然 忽問起滅不停時如何 但與一喝

대원 문재현은 이 칙을 모두 들고나서 이르노라.

이 사람은 석상 선사와 같지 않아서 "일어나고 멸함이 멈추지 않을 때 어떻게 하리까?" 하였다면 엄지만을 세웠을 것이다.
힘.

1201칙 단좌

 본 칙

민왕이 약사도량을 세우고 여러 장로들에게 행도[54]하며 염불을
해달라 했는데 나산 선사가 단좌하고만 있으니, 고산 선사가 말하
였다.

"대왕이 도량으로 청했거늘 어째서 행도하여 인연을 맺게 하지
않는가?"

나산 선사가 도리어 물었다.

"대사는 몇 번이나 돌았는가?"

고산 선사가 대답하였다.

"마흔 아홉 차례 돌았소."[55]

나산 선사가 말하였다.

"다시 한 차례 돎이 있으니, 어째서 대왕에게 인연을 맺게 하지
않는가?"

고산 선사가 말이 없었다.

---

54) 행도(行道) : 부처님께 절하고 그 오른쪽 방향으로 주위를 도는 것.
55) 약사 도량은 약사 불상을 모시고 약사칠불봉원공덕경을 49번 읽고 다라니경에서
  처럼 49개의 등을 켠다.

羅山 因閩王 建藥師道場 請諸長老行道念佛 唯師端坐 皷山 云 大
王 請道場 何不爲行道結緣 師云 大師行得多少轉 皷山 云四十九轉
師云 更有一轉 何不與大王結緣 皷山 無語

∽ 대각련 선사 송

마흔 아홉 번 주위를 돌아 기세가 피로했으니
그 어찌 입을 막고 근심 없음만 같으랴
고산 안(晏) 스님이 마침내 양보할 줄 알아서
남겨두어 나산의 한 차례 돎을 만나게 했네

大覺璉 頌
七七環周勢極勞
爭如緘口不忉忉
晏師末後能推讓
留與羅山遶一遭

∽ 법진일 선사가 고산 선사의 말 없던 곳을 대신하여 말하였다.

해가 점점 저무누나.

(또 말하기를)
행도 다하기를 원치도 않는구나.

法眞一 代皷山無語云 日勢稍晩 又云 不欲盡行

대원 문재현은 이 칙을 모두 들고나서 이르노라.

　당시에 이 사람이라면 "대왕이 도량으로 청했거늘 어째서 행도하여 인연을 맺게 하지 않는가?" 할 때 "무엇을 보았는가?" 했을 것이다.
　험.

1202칙 돌소를 옛길에서 맞닥뜨리니

본 칙

  나산 선사가 화산에서 동행이던 거 장로를 문 밖까지 전송하는데 주장자를 그의 앞에 던지니, 거 장로가 대답이 없자 말하였다.
  "돌소를 옛길에서 맞닥뜨리니, 한 마리 말이 두 망아지를 없애누나."
  나중에 어떤 선승이 소산 선사에게 이야기하니 소산 선사가 말하였다.
  "돌소를 옛길에서 맞닥뜨리니, 한 마리 말이 세 범을 낳았느니라."

  羅山在禾山 送同行矩長老出門次 師把柱杖 向伊面前 一擲 矩無對 師云 石牛 攔古路 一馬勿雙駒 後有僧 擧似踈山 山云 石牛 攔古路 一馬生三寅

∽ 운문고 선사 송

문을 나와 손을 잡고 작별하며 이야기함이여
옛길이 아득하고 아득해서 가는 것으로는 이르를 수 없네
우습구나! 칼을 잊었다고 애달파하는 이여
부질없이 구구하게 뱃전에 표시하는구려

雲門杲 頌
出門握手話分携
古路迢迢去莫追
却笑哀心遺劍者
區區空記刻舟時

∽ 죽암규 선사 송

문 앞의 길을 밟은 적 없이
봄이 돌아오면 또 한 해일세
지는 꽃은 땅에 가득히 붉고
고운 풀은 하늘에 이어져 푸르구나

竹庵珪 頌
不踏門前路
春歸又一年
落花紅滿地
芳草碧連天

∽ 명초 선사가 이 칙을 들고 말하였다.

거 장로가 그럴 때를 당하여 어떤 대꾸를 했어야 하는가?
(대신 말하기를)
(손바닥을 한 번 부비고)
아!
가히 대적할 만한 칼날인저….

明招 擧此話云 矩長老 當伊麼時 作何祇對 代云 但撫掌一下云噫
可殺當鋒

◡ 죽암규 선사가 신숭의 성 장로를 전송할 때 상당하여 이 칙을 들고 말하였다.

(껄껄 크게 웃고)

오랑캐의 수염이 붉다고 하더니, 다시 수염 붉은 오랑캐도 있었구나! 두 한량이 없는 대장부가 호로(葫蘆)를 보고 표주박을 그리는 꼴을 면치 못했도다.[56]

고산은 오늘 손을 전송하기를 그렇게 하지 않으리니,

개울과 산, 달과 구름, 남·북·동·서라. 특별히 전송할 것도 없음이여, 저울추를 잘라버려라.

(주장자로 선상을 치다.)

竹庵珪 送新崇聖長老 上堂擧此話 師乃呵呵大笑云 將謂胡鬚赤 更有赤鬚胡 兩个沒量大漢 不免依樣畵葫蘆 皷山 今日送客 則不然 溪山雲月 南北東西 別無相送 鋸解秤鎚 以挂杖卓禪床

---

56) 모방하고 흉내내는 것을 말한다.

대원 문재현은 이 칙을 모두 들고나서 이르노라.

나산 선사여, 거 장로여, 소산 선사여!

뜰앞 가득 남풍이 일어나서
꽃과 향기 다투어 가득하니
돌사내 그저 즐겨 미소하네

1203칙 한 거품이 일기 이전의 일

 본 칙

원주 목평산 선도 선사가 처음으로 낙포 선사에게 가서 뵙고 물었다.

"어떤 것이 한 거품이 일기 이전의 일입니까?"

낙포 선사가 대답하였다.

"배가 가니 물길을 알 수 있고, 노를 저으니 파도가 갈라지느니라."

이에 목평 선사가 계합하지 못하고, 이어 반룡 선사에게로 가서 전과 같이 물었다.

반룡 선사가 말하였다.

"배가 간다 하면 물을 분별치 못함이요, 노를 젓는다 하면 곧 물의 흐름을 미한 것이다."

이에 목평 선사가 깨달았다.

袁州木平山善道禪師 初叅洛浦 問如何是一漚未發已前事 浦云 移

舟諳水脈 擧棹別波瀾 師不契 次衆盤龍 依前問 龍云 移舟不辨水 擧棹卽迷源 師因此省悟

∽ 대각련 선사 송

배가 가려면 반드시 물을 알아야 하니
나루터로 통하는 외길을 먼저 익히 알아야 하네
한 거품 일어나자 만 거품 일어난다
노를 숨겼느니 돛을 높이 올렸느니 헤아리기를 그만두라
흐름을 끊어 지난 뒤엔 어디로 가려는가
용왕이 검을 잊음, 그는 기뻐하나니
거품이 물로 돌아가면 이 무엇이겠는가
돌!

大覺璉 頌
若移舟須辨水
通津一路先諳委
一漚才起萬漚攢
棹隱帆高休擬議
截流過後復何之
龍王失劍渠歡喜
漚歸水是甚底
咄

∽ 단하순 선사 송

해와 달이 서로 빛남이여
위음왕 이전마저 비추어 파한다
푸른 하늘에 딴 길이 있다 하면
나무장승은 여전히 두 눈썹을 곤두세우리

丹霞淳 頌
金烏玉免兩交輝
照破威音未兆時
若謂靑霄別有路
木人依舊皺雙眉

∽ 법진일 선사 송

배가 간다 하나 일찍이 맑은 못을 떠난 적 없거늘
노를 저으니 파도가 인단 말 어찌 다시 견디랴
한 거품도 생기기 이전의 일을 알려는가?
나무장승이 한밤중에 동참하기를 좋아하네

法眞一 頌
移舟曾不別澄潭
擧掉波生豈更堪
要會一漚初未發
木人夜半 好同叅

∽ 운봉열 선사가 이 칙을 들고 말하였다.

목평 선사가 낙포 선사의 말끝에 깨달았더라도 역시 조금 비슷할 뿐이어서 허락하기 아깝거늘 반룡의 썩은 물 속에 빠져버렸다.

나중에 어떤 이가 "어떤 것이 목평인가?"라고 물으매 "예리한 도끼도 필요 없으니, 다만 이 가운데 있노라."라고 답했으니 여러 선덕들아, 도대체 길을 떠나 방소를 초월했다 해도 사(邪)와 정(正)을 뚜렷이 가려내고, 참과 거짓을 가려낼 줄 알려면 눈 안의 힘줄이 있어야 된다. 비록 그렇더라도 도적이 지난 뒤에 화살을 매기는 격이니라.

雲峯悅 拈 木平 若於洛浦言下會去 猶較些子 可惜許 向盤龍死水裏 淹殺 後有問 如何是木平 對云 不勞斤斧 果然只在這裏 諸禪德 大凡 發足超方 也須甄別邪正 識辨眞僞 帶些眼筋 始得 然雖如是 賊過後 張弓

∽ 묘회 선사가 이 칙을 들고, 이어 운봉 선사가 이 칙을 들어 말
한 것을 들고 말하였다.

　운봉 선사의 이 말이 사람의 눈을 멀게 하기도 하고, 사람의 눈을
띄우기도 하느니라.

　妙喜擧此話 連擧雲峰拈 師云 雲峰此語 亦能瞎人眼 亦能開人眼

대원 문재현은 이 칙을 모두 들고나서 이르노라.

"어떤 것이 한 거품이 일기 이전의 일입니까?" 할 때 나라면 "조기는 전라도 영광 것이 유명하다." 했을 것이다.

험.

1204칙 도가 있는 줄 알면서도 얻을 수 없을 때

 본 칙

경조 영안원 선정 선사에게 어떤 선승이 물었다.

"도가 있는 줄 알면서도 얻을 수 없을 때 어떻게 해야겠습니까?"

영안 선사가 도리어 물었다.

"있는 줄 안다는 것이 무엇인가?"

선승이 말하였다.

"없다 할 수도 없습니다."

영안 선사가 대답하였다.

"그러한 즉 깨달아 도에 합일하였겠구나."

선승이 말하였다.

"도가 없지는 않으나 반밖에 말하지 못하니 어찌합니까?"

영안 선사가 말하였다.

"물이 얼면 고기가 뛰기 어렵고, 산이 추우면 꽃이 더디 피느니라."

京兆永安院善靜禪師 因僧問 知有道不得時如何 師云 知有箇什麼
僧云 不可無去也 師云 伊麼則合道得 僧云 道卽不無 爭奈語偏 師云
水凍魚難躍 山寒花發遲

∽ 대홍은 선사가 이 칙을 들고 말하였다.

그 선승은 비록 있는 줄은 알았으나 도를 얻을 수는 없었고, 영안 선사는 비록 도를 얻었으나 끝내 있음은 알지 못했다.

어떤 이는 있는 줄도 알고 또한 도를 얻기도 했으며, 어떤 이는 있는 줄도 모르고 도를 얻지도 못했으니, 이러한 네 사람 가운데서 어떤 것이 그 사람인가?

놓아버려라. 각기 방으로 돌아가기를 바라노라.

大洪恩 拈 這僧 雖知有 要且道不得 永安 雖道得 畢竟不知有 有人 知有亦道得 有人 不知有亦道不得 四人中 阿那箇是其人 放過一着 各請歸堂

대원 문재현은 이 칙을 모두 들고나서 이르노라.

두 분 모두 불법문중에 '나한'같은 이들이구나. 각기 한 방망이씩
내리노라.

북두를 남을 향해 보아라
이러-히 분명하고 분명해서

종이범은 불 속에서 바람을 일으키고
물코끼리 불 속에서 재주를 부리며

돌사자는 물 속에서 경주하는데
불토끼는 박수로 즐기더라

1205칙 조사께서 서쪽에서 오신 뜻

본 칙

영안 선사에게 어떤 선승이 물었다.

"어떤 것이 조사께서 서쪽에서 오신 뜻입니까?"

영안 선사가 말하였다.

"벽 위에 마른 소나무를 그려놓으니, 벌들이 와서 앞다퉈 꽃술을 캐느니라."

(어떤 책에는 꽃술을 보지 못하느니라 하였다.)

또 어떤 이가 운문 선사에게 물었다.

"어떤 것이 조사께서 서쪽에서 오신 뜻입니까?"

운문 선사가 대답하였다.

"긴 평상 위에 죽도 있고 밥도 있다."

또 어떤 이가 국청 태 화상에게 물었다.

"어떤 것이 조사께서 서쪽에서 오신 뜻입니까?"

태 화상이 대답하였다.

"동쪽 벽과 서쪽 벽이다."

永安 因僧問 如何是祖師西來意 師云 壁上 畵枯松 蜂來競採藥(一本云 不見藥) 又有問雲門 如何是祖師西來意 門云 長連床上 有粥有飯 又有問國淸泰和尙 如何是祖師西來意 泰云 東壁 打西壁

◌ 풍혈 선사가 이 칙에서 '앞다퉈 꽃술을 캐느니라' 한 것까지 들고 말하였다.

　곧은 나무가 하늘가에 뻗었는데, 산양이 앞다퉈 뿔을 건다.

　風穴 擧永安至競採藥 師云 直木 倚天邊 羚羊 爭掛角

ↄ 심문분 선사가 이 칙을 들고 말하였다.

한 구절은 통하는 길을 끊어 잡고, 한 구절은 백 가지 맛이 완전하고, 한 구절은 머리를 옮겨 꼬리와 바꾸었다.
만일 가려내면 반열에 나아가 힘써 펴는 것을 일삼하겠지만,
만일 가려내지 못한다면
한 집에 일이 생기니 백 집이 바빠진다.

心聞賁 拈 一句 通途把斷 一句 百味完全 一句 移頭換尾 若揀辨得出 一任陳力就列 若辨揀不出 一家有事百家忙

대원 문재현은 이 칙을 모두 들고나서 이르노라.

달 속에 계수꽃이 화려하고
나주 들 배꽃 위에 나비 난다
증연아, 보이차나 내오렴

1206칙 큰 일은 이미 이루어졌거늘

 본 칙

봉상부 청봉산 전초 선사에게 어떤 선승이 물었다.

"큰 일은 이미 이루어졌거늘 어째서 어미 아비가 다 죽은 것 같습니까?"

전초 선사가 대답하였다.

"봄바람이 불지 않아 꽃이 피지 않더니, 꽃이 피자마자 또 바람에 떨어지는구나."

鳳翔府靑峰山傳楚禪師 因僧問 大事 已成 爲什麼如喪考妣 師云 不得春風花不開 及至花開又吹落

∽ 단하순 선사 송

고향에 돌아왔거든 빙빙 돌지 말고
아침저녁 힘을 다해 양친을 섬기듯 할 것이나
기틀이라는 것마저 다하고 공을 잊어 은혜까지 끊어서
도리어 불효한 천제[57]가 되었구나

丹霞淳 頌
家山歸到莫因循
竭力寅昏奉二親
機盡功忘恩義斷
便成不孝闡提人

---

57) 천제(闡提) : 본디 해탈의 인연을 갖지 못하여 부처가 될 수 없는 이.

대원 문재현은 이 칙을 모두 들고나서 이르노라.

당시 대원이었다면 스무 방망이를 때렸을 것이다.

1207칙 밭에 씨 뿌리고 밥 먹는 것

🪷 본 칙

장주 나한원 계침 선사가 수산주(脩山主)에게 물었다.

"어디서 오는가?"

수산주가 말하였다.

"남방에서 옵니다."

계침 선사가 다시 물었다.

"남방의 불법이 요즘 어떤가?"

수산주가 말하였다.

"상량하는 것이 끝이 없습니다."

이에 계침 선사가 다시 말하였다.

"이 사람이 이 속에서 밭에 씨 뿌리고 밥 먹는 것만 하겠는가?"

수산주가 말하였다.

"삼계는 어찌합니까?"

계침 선사가 말하였다.

"그대는 무엇을 삼계라 하는가?"

(어떤 책에는 그 선승이 이 말에 깨달았다고 하였다.)

漳州羅漢院桂琛禪師問脩山主 甚處來 脩云 南方來 師云 南方近日
佛法 如何 脩云 商量 浩浩 師云 爭如我這裏 種田博飯喫 脩云 爭奈
三界 何 師云 你喚什麼作三界(有本云 其僧言下有省)

∽ 천동각 선사 송

종지를 설한다고 얼룩짐 모두가 억지 짓이니
입과 귀에 퍼져서 다시 가지치네
씨 뿌리고 밥 먹는 일, 이 집안 일상의 일이나
이변과 사변에 통달한 사람이 아니면 알기 어렵네

天童覺 頌
宗說般般盡强爲
流傳耳口便支離
種田博飯家常事
不是飽參人不知

∽ 천동각 선사가 다시 송하였다.

이변과 사변에 통달해야 구할 것 없는 줄 밝게 알 것이니
자방[58]은 끝끝내 제후에 봉해짐을 원치 않았네
기틀이라는 것마저 잊고 돌아가니 고기와 새가 공유(共有)하고
찬 물에 발을 씻으니 물안개 낀 가을일세

又頌
叅飽明知無所求
子房終不貴封侯
忘機歸去同魚鳥
濯足滄浪煙水秋

---

58) 자방(子房) : 장량을 말한다. 장량은 유방을 도와 한나라를 세우는 데에 큰 공을
세웠으나, 스스로 공을 버리고 산세가 험한 장가계로 가솔들을 이끌고 숨어서 화
를 면하였다. 장자방이라고도 한다.

༄ 상방악 선사가 이 칙을 들고 말하였다.

지장 화상은 씨 뿌릴 줄만 알았고 이삭은 거둘 줄 몰랐으며, 그 선승은 삼천 리 밖에서 행각을 하는구나.

上方岳 拈 地藏和尙 祇解種田 不解收禾 這僧 三千里外行脚

◌ 운봉열 선사가 이 칙을 들고 말하였다.

알겠는가? 밭에 씨 뿌리고 일구어 밥을 먹는다 한 말의 의중을 누가 알리오.
오후에 공양 종을 치니, 금강이 빛을 잃는다.

雲峰悅 拈 會麼 播田揷飯喫 言中誰辨的 午後打齋鍾 金剛 曾失色

ᖬ 대위철 선사가 이 칙을 들고 말하였다.

청빈은 오래도록 즐겁지만 탁부(濁富)는 근심이 많다네.

大潙喆 拈 淸貧長樂 濁富多憂

◌ 천동각 선사가 감수를 전송할 때에 상당하여 말하였다.

　하루 일하지 않으면 하루를 먹지 않는다 하니, 쉬는 이는 무심하지만 수확하려는 이는 힘을 써야 한다. 분명 그러한 가풍이기에 씨 뿌리고 밥 먹는 소식을 안다.
　기억하건대 지장 선사가 어떤 선승에게 "어디서 오는가?"라고 물은 것으로부터 "무엇을 삼계라 하는가?" 하는 데 이르르니 오직 마음뿐이라 하든 오직 식뿐이라 하든 같이 나고 같이 든다.
　금칼[59]처럼 똑같고, 옥자같이 곧다.
　"그대는 무엇을 삼계라 하는가?" 하였으니 참으로 낱알 하나도 흘려버리지 않았도다.

　天童覺 送監收 上堂云 一日不作一日不食 歇者無心種者力 分明祗个是家風 會得種田博飯喫 記得 地藏 問僧 什麼處來 至喚什麼作三界 師云 唯心唯識 平出平入 金刀之齊 玉尺之直 你喚什麼作三界 眞个不曾遺顆粒

---

59) 금칼 : 원문의 금도(金刀)는 칼처럼 생긴 옛날의 화폐로 모두 똑같이 생겼다.

∽ 원통기 선사가 상당하여 이 칙을 들고 말하였다.

대중들이여, 그 선승이 그때에 그에게 "종일토록 분주하나 어떤 일이라도 거리낌이 없다." 하기만 했더라면, 당장 지장 노장으로 하여금 위로는 하늘을 찌를 계교가 없고, 아래로는 땅에 들 꾀가 없게 했을 것이거늘, 그 선승은 이미 나아갈 말을 못했고, 지장 선사도 그만두었으므로 천 년이 지나도록 남의 입술에 오르내리게 되어, 모두가 예삿일이라고 헤아리게 되었구나.

산승이 만일 지장 선사였다면 그때에 그에게 "눈이 내린 뒤에야 송백의 절개를 알고, 날이 추워야 비로소 대장부의 마음을 안다." 했으리라.

圓通機 上堂擧此話云 大衆 者僧 當時 但向他道 終日忙忙 那事無妨 直教地藏老漢 上無衝天之計 下無入地之謀 這僧 旣進語不得 地藏 亦乃休去 致令千古之下 掛人唇齒 盡作平常商量 山僧 若作地藏 當時 却向他道 雪後 始知松栢操 歲寒 方見丈夫心

∽ 영원청 선사가 상당하여 이 칙을 들고 말하였다.

씨를 뿌리고 밥을 먹는다 함이여, 불법을 바로 보임일세. 말끝에
삼계를 초월하면 신령한 기틀에서 묘한 광명을 발하리라.
묘한 광명을 발하여 감출 곳 없음이여.
한가한 이는 한가하고 바쁜 이는 바쁘다.
이로 인하여 이류 중의 행리를 알 것이니, 흰 암소와 고양이가 법
왕보다 훌륭하리라.
말해보라. 흰 암소와 고양이가 무슨 장점이 있어서 법왕보다 훌
륭한가. 알겠는가?
본바탕에 있으면 은혜 갚음이 깊고, 일을 이루어 마치면 공이랄
것도 없느니라.

靈源清 上堂擧此話云 種田博飯喫 佛法正商量 言下 超三界 靈機發
妙光 妙光發無處藏 閑者閑兮忙者忙 因知異類中行李 白牯狸奴勝法
王 且道 白牯狸奴 有什麽長處 便能勝得法王 會麽 報恩深有地 成事
了無功

⌒ 지해청 선사가 감수에게 사례하기 위해 상당하여 이 칙에서
밥을 먹는다 한 것까지 들고 말하였다.

작가인 종사가 천연스럽게도 자재했도다.

밭을 일구며 밥 먹는다 함이여
농부의 공이 크고도 곧음일세
집집마다 배를 두드리며 노래를 하지만
어리석은 백성이 임금의 힘임을 알겠는가
그대 보지 못했는가?
주공이 성왕을 도우니[60]
한 모에서 여러 이삭이 열리는 상서가 나타났고
태무가 은탕을 왕성케 하니[61]
두 손을 맞잡고 덕을 닦았다네
아!
조상의 온통 반듯한 전원이니
좋고도 좋을시고 자손이여 부지런히 갈고 수확할진저

---

60) 주공은 주무왕의 동생이다. 주무왕이 서주를 세운 2년 후에 죽어 그 아들 주성왕
   이 왕위에 올랐는데, 당시 13세였다. 주공은 조카인 성왕이 20세 성인이 될 때까
   지 그를 부축해서 나라를 다스렸다.
61) 태무는 은나라 탕왕의 손자라고도 하고 5세손이라고도 한다. 75년간 재위하면서
   은나라를 왕성케 하였다.

돌!

智海淸 謝監收 上堂擧此話 至博飯喫 師云 作家宗師 天然猶在 頌
曰
揷田博飯喫
農功大鶩直
家家皷腹自謳謌
蠢蠢誰知有帝力
君不見
周公輔成王兮
合穗呈祥
大戊興殷湯兮
拱把修德
噫!
祖父田園一片平
子孫好好勤耕穡
咄!

∽ 백운병 선사가 상당하여 이 칙을 들고 말하였다.

고기가 지나가면 물이 흐리고 새가 날면 털이 빠진다.
만일에 이를 능히 짊어지고 행할 수 있다면 우리 종풍이라는 데
에도 떨어지지 않는다 하리라. 알겠는가?
씨 뿌리고 밥 먹는 것만 하겠느냐 함이여,
말의 의중을 반드시 가려내야 하리.
한낮에 삼경 종을 치니 금강이 빛을 잃는다 함이여,
명명백백히 드러나 덮어 감출 수 없네.
날마다 씀에 누구의 힘을 이어받았는가?
바쁘고 바쁜 세상 사람들이 몇이나 은덕을 알꼬.

　白雲昺 上堂擧此話云 魚行水濁 鳥飛毛落 若能荷負得行 可謂吾宗
不墜 還會麽 種田博飯喫 言中 須辨的 日午打三更 金剛 曾失色 當
陽不覆藏 日用承誰力 忙忙塵世人 幾个知恩德

대원 문재현은 이 칙을 모두 들고나서 이르노라.

   (이 칙 중에서 "이 사람이 이 속에서 밭에 씨 뿌리고 밥 먹는 것만 하겠는가?"를 들고)

   물안개 자욱 일고 운무 위에 크고 작은 봉우리들
   적요한 물소리와 아련히 단소소리 번지누나
   증오야 일손 놓고 이 좋은 풍광 속에 점심을 들자꾸나

   (또 이 칙 중에 "삼계는 어찌합니까?"를 들고)
   험.

1208칙 불법을 어떻게 보이는가

 본 칙

지장 선사가 보복 회상의 선승에게 물었다.

"그쪽에서는 불법을 어떻게 사람들에게 보이는가?"

선승이 대답하였다.

"보복 선사께서 때로는 대중에게 보이고 '그대의 눈을 막아 그대로 하여금 보아서는 봄이 없게 하고, 그대의 귀를 막아 그대로 하여금 들어서는 들음이 없게 하고, 그대의 뜻을 꺾어버려 그대로 하여금 분별이 일어나지 못하게 한다.' 하십니다."

이에 지장 선사가 말하였다.

"내가 그대에게 묻노니, 그대의 눈을 막지 않았으니 그대는 무엇을 보며, 그대의 귀를 막지 않았으니 그대는 무엇을 들으며, 그대의 뜻을 꺾어버리지 않았으니 그대는 어떠한 분별을 하는가?"

선승이 그 말끝에 깨달았다.

地藏 問保福僧 彼中佛法 如何示人 僧曰 保福 有時 示衆云 塞却汝

眼 敎汝覷不見 塞却汝耳 敎汝聽不聞 坐却汝意 敎汝分別不得 師云
吾問你 我不塞汝眼 汝見箇什麼 不塞汝耳 汝聞箇什麼 不坐汝意 汝
作麼生分別 僧 於言下 有省

∽ 동선재 선사가 말하였다.

그 선승이 듣자마자 활짝 깨닫고 다시는 딴 곳으로 떠돌지 않았다. 상좌들은 지금 알았는가? 만일 알지 못했다면 날마다 보는 것이 무엇인가?

東禪齊 云 那僧 聞了 忽然惺去 更不他遊 上座如今 還得麼 若不會 每日見箇什麼

〰 묘희 선사가 이 칙을 들고 말하였다.

부(富)하면 천 식구도 적어서 불만이요, 가난하면 한 입도 많아서
한이라 했다.

妙喜 擧此話云 富嫌千口少 貧恨一身多

대원 문재현은 이 칙을 모두 들고나서 이르노라.

지장 선사, 보복 선사 모두 옳기는 옳으나 둘째 달 놀음을 면치
못했다.

옥처녀는 꽃밭에 노래하고
쇠사내는 노래에 취했는데
흙시봉은 곡차를 내놓는다

1209칙 한 떨기 모란꽃

 본 칙

지장 선사가 보복 선사와 함께 고을에 들어갔다가 모란 울타리를 보았는데 보복 선사가 말하였다.

"한 떨기의 좋은 모란꽃이로다."

장경 선사가 말하였다.

"헛 것을 보지 마시오."

지장 선사가 말하였다.

"애석하구나. 한 떨기 꽃에 허용하기엔…."

地藏 與保福 入州 見牡丹障子 保福云 好一朶牡丹花 長慶云 莫眼花 師曰 可惜許一朶花

∽ 현각 선사가 불러 모아놓고 물었다.

세 존숙의 말에 친하고 먼 것이 있는가? 나한(지장)의 그와 같이
말한 뜻이 어디에 있겠는가?

玄覺 徵 三尊宿語 還有親疎也無 只如羅漢恁麽道 落在什麽處

ᅩ 회당심 선사의 문답

  회당심 선사가 이 칙을 들고 말하였다.

  "이 세 사람의 견해에 의하건대 한 사람은 부처나 조사를 초월한다 하겠고, 한 사람은 스스로도 이롭고 남도 이롭게 한다 하겠고, 한 사람은 남을 속일 뿐 아니라 자기까지도 속인다 하리라. 말해보라. 자기를 속이는 한 사람이란 누구이겠는가?"

  선승이 말하였다.

  "'헛것을 보지 마시오.'라고 한 것입니다."

  회당심 선사가 말하였다.

  "이로부터는 다만 밤이 깊고 멀리 고요하여 인적이 아주 끊긴 곳에서 다시 함께 그것을 헤아려보자."

  晦堂心 拈 據此三人所見 一人 可謂超佛越祖 一人 自利亦能利他
一人 不唯謾人 兼亦自謾 你道 自謾底一人 是誰 僧曰 莫眼花 師曰
此去但向更深夜靜逈絶無人處 更共伊商量看

대원 문재현은 이 칙을 모두 들고나서 이르노라.

　당시에 이 사람이라면, 보복 선사가 "한 떨기의 좋은 모란꽃이로다." 했을 때 "그러한 말은 상대가 누군가에 따라 하시지요. 거룩한 보복불이시여." 했으리라.

1210칙 무엇을 가지고 왔는가

🪷 본 칙

지장 선사가 어떤 선승에게 물었다.

"어디서 왔는가?"

선승이 대답하였다.

"진주에서 왔습니다."

지장 선사가 다시 물었다.

"무엇을 가지고 왔는가?"

선승이 대답하였다.

"아무 것도 가지고 오지 않았습니다."

지장 선사가 물었다.

"그대는 어째서 대중 앞에서 거짓말을 하는가?"

그 선승이 대답이 없었다.

지장 선사가 도리어 물었다.

"어찌 진주에서는 앵무새가 나지 않는가?"

선승이 대답하였다.

"앵무새는 농서에서 나옵니다."

지장 선사가 말하였다.

"역시 어둡구나."

地藏 問僧 甚處來 曰 秦州來 師曰 將得什麽物來 曰 不將得物來
師曰 汝爲什麽 對衆謾語 其僧 無對 師却問曰 秦州 豈不是出鸚鵡
曰鸚鵡 出在隴西 師云 也不較多

ᗌ 대위철 선사가 이 칙을 들고 말하였다.

그 선승이 직접 진주에서 왔거늘 어째서 대중 앞에서 거짓말을
한다 했을까?
알고자 하는가?
나그네는 공손하면서도 누를 끼쳐 주인을 진창에 빠져들게 하는
구나.

大潙喆 拈 這僧 親從秦州來 爲什麼 道對衆謾語 要會麼 作客慇懃
帶累 主人 拖泥涉水

대원 문재현은 이 칙을 모두 들고나서 이르노라.

　선승은 "무엇을 가지고 왔는가?" 할 때 "그렇게 말씀하시면 좌구도 꾸짖습니다." 했어야 했는데, 흙덩이 쫓는 한나라 개 꼴을 못 면했고 지장 선사는 "아무 것도 가지고 오지 않았습니다." 할 때 한 대 때렸어야 했는데 놓쳐서 선지식으로서 다하지 못한 꼴이 되었구나.

　험.

1211칙 문수, 관음, 보현의 문

 본 칙

복주 와룡산 안국원 혜구 선사가 대중에게 보이고 말하였다.

"내가 요사이 죽과 밥의 인연으로 형제들을 위해 거창(擧唱)하지만 끝내 떳떳하지는 못하니라. 요점을 깨닫고자 하면 도리어 산하대지가 그대들에게 베풀듯 밝게 깨닫게 해주어야 그 도가 본래 떳떳하여 능히 구경이리라.

만일 문수의 문호로 들어가는 이는 일체 유위의 법과[62] 토목과 기와쪽이 그대들의 기틀 발함을 도울 것이요, 만일 관음의 문호로 들어가는 이는 일체 좋고 나쁜 소리와 내지 개구리, 지렁이가 그대들을 위해 거량할 것이요, 만일 보현의 문호로 들어가는 이는 걸음을 옮기지 않고 이르르리라.

내가 이제 이 세 가지 방편문으로써 그대들에게 보이노니, 마치 한 토막의 부러진 젓가락으로 큰 바닷물을 휘저어서 그 속에 사는 고기나 용들로 하여금 물로서 생명을 삼고 있다는 것을 알게 해주는 것과 같으니라.

---

62) 전등록에는 일체 무위라 하였음.

알겠는가? 지혜의 눈으로 환히 알지 못한다면 그대들이 백만 가지 좋은 재주를 마음대로 부린다 해도 구경의 경지는 되지 못하리라."

福州臥龍山安國院慧球禪師 示衆云 我此間 粥飯因緣 爲兄弟擧唱 終是不常 欲得省要 却是山河大地與汝 發明 其道旣常 亦能究竟 若 從文殊門入者 一切有爲 (傳燈云 一切無爲) 土木瓦礫 助汝發機 若從 觀音門入者 一切善惡音響 乃至蝦蠊蚯蚓 爲你擧揚 若從普賢門入者 不動步而到 我今以此三門方便 示汝 如將一隻折筋 攪大海水 令彼魚 龍 知水爲命 還會麽 若無智眼而審諦之 任你百般善巧 不爲究竟

∽ 심문분 선사 송

백 척 누각, 열두 개의 높은 난간에
석양빛 비치는데 물은 동으로 흐른다
남쪽 기러기, 북쪽 기러기 소식이 없는데
부질없이 강산의 가을 겉과 속을 보노라

心聞賁 頌
十二飛欄百尺樓
夕陽影裏水東流
南鴻北鴈無消息
空看江山表裏秋

∾ 낭야각 선사가 말하였다.

비록 좋은 인연이나, 나쁜 보를 부르게 했다.

琅瑘覺 云 雖是善因 而招惡報

∾ 공수 화상이 이 칙을 들고 말하였다.

만일 이 사람 보수의 문하에서라면 그렇게 하지 않으리니, 문에
들어서기 전에 깨달음으로 이끌었다 할지라도 벌써 정수리에 삼천
방망이를 맞으리라.

空叟和尙 擧此話云 若在保壽門下 又且不然 未入門時 提得去 頂門
已喫棒三千

대원 문재현은 이 칙을 모두 들고나서 이르노라.

 문수, 관음, 보현의 문이라 할 것 같으면 어느 때, 어느 시, 어느 일[事]엔들 드러나지 않음이 있던가.
 (주장자를 높이 들었다가 한 번 내리치고)
 밭일을 갈 때로구나.
 (자리에서 내리다.)

가슴으로 부르는 불심의 노래

대원 문재현 선사님 작사

여기에 실린 것들은 모두 대원 문재현 선사님께서 직접 작사하신 곡들이다.

수행의 길로 들어서게끔 신심, 발심을 북돋아주는 곡으로부터 수행의 길로 접어든 이의 구도의 몸부림이 담겨있는 곡, 대승의 원력을 발해서 교화하는 보살의 자비심과 함께 낙원 세계를 누리는 풍류를 그려놓은 곡까지 가사 한마디, 한마디가 생생하여 그 뜻이 뼛속 깊이 새겨지고 그 멋에 흠뻑 취하게 된다.

대원 문재현 선사님께서는 거칠고 말초적인 요즘의 노래를 듣고 이러한 정서를 순화시키고자, 또한 수행의 마음을 진작시키고자 하는 뜻에서 이 곡들을 작사하셨다.

서 원 가

작사 문재현
작곡 배신영
노래 홍노경

느리게

참 나 를 깨 달 아 서 / 보 림 을 하 고 / 다 가 올 내 앞 날 의
보 살 의 가 는 길 이 / 험 난 타 해 도 / 맹 세 코 초 지 일 관
중 생 이 끝 이 없 다 / 말 들 을 해 도 / 보 현 의 만 행 다 해

서 원 이 라 네 / 기 어 코 육 바 라 밀 / 성 취 를 하 여 -
서 원 이 라 네 / 구 류 를 그 릇 따 라 / 깨 닫 게 하 여 -
제 도 를 하 여 / 유 정 과 무 정 모 두 / 다 한 그 날 이 -

불 보 살 님 큰 은 - 혜 - 에 / 보 - 답 하 - 면 서
스 승 님 의 큰 은 - 혜 - 에 / 보 - 답 하 - 면 서
삼 보 님 의 큰 은 - 혜 - 를 / 갚 - 는 날 - 이 니

영 원 히 구 제 의 길 / 나 는 - 가 리 - 라
영 원 히 구 제 의 길 / 나 는 - 가 리 - 라
영 원 히 구 제 의 길 / 나 는 - 가 리 - 라

Fine

반조 염불가

작사 문재현
작곡 배신영
노래 홍노경

느리게

님 께 - 서 베 푸 신 자비의은 혜 오 늘
본 래 - 에 드 러 난 나인걸몰 라 낙 원

도 감 사 한맘 - 어 - 찌 - 잊으 으리
을 고 해 로서 - 사 - 는 - 삶 이 니

가 르침 따름만 - 이 살길이란 다짐으 로 간
가 르침 따름만 - 이 살길이란 다짐으 로 반

절 히 시시때때 회광반조 아 - 미 타불 - 백 -
조 의아미타불 나도잊은 삼 - 매 의 앞 - 깨 -

팔 염주일상화 로 기어이 - 크게깨 쳐 크나
닫 기에좋은때 니 기어이 - 원을이 뤄 금생

큰 - 님 - 의은 혜 갚으리라아 미 타 - 불 -
에 - 구 - 제중 생 불은갚길아 미 타 - 불 -

Fine

소중한 삶

작사 문재현
작곡 배신영
노래 홍노경

(모데라토) ♩ = 100

소중
한   나 날 들 을   아 끼 면 서   사 랑 으 로   베 풀
은   영 원 하 고   행 복 한 삶   회 복 하 려   노력

며   사 노 라 면   삶 이 란 고 해 만 은-   아 니 리   라
하는   길- 이 니   우 리 의 삶 앞 날 은-   밝 으 리   라

고 운 시 선 -   고 운 말 로 -   어   울 -   려 -
좋 은 마 음 -   좋 은 말 로 -   감 싸 -   주 고 -

격 려 하 며 -   힘 든 삶 -   극 -   복 하 면
삶 - 속 에 -   불 법 을 -   실 - 천 하 면

좋 은 업 -   좋 은 날 -   약 속 이 아 니 던   가
영 원 하 고 -   행 복 한 삶 -   약 속 이 아 니 던   가

Fine

석가모니불

작사 문재현
작곡 배신영
노래 홍노경

국악가요

맹서의 노래

작사 문재현
작곡 배신영
노래 홍노경

느리게

염원의 노래

작사 문재현
작곡 배신영
노래 홍노경

느리게

가- 그언젠- 가- 내 살던- 이곳이- 잡-
노을- 빛속에- 눈 감 고 서 서 덧-

초에- 덮였으- 니 연- 못과 누대는 어디메냐- 짙은
없는- 인생사- 를 깨-워

주리라맹세하 네 사 람과 사람마다- 영 원한한물건-
꽃피어 화려함은- 우 리님맘이요-

본래에 지녔으니- 모래 알진주를이 루듯이 오늘의고뇌를- 미-
곳곳의 화평함은- 우리님억겁의서 원이라 우주법계모두 가 성-

소 로인 고 하 며 보- 배를이-뤄가 는 희망
품- 의-낙 원 거- 룩한소-원성취 노래

으 로살아 가 세
로 써불려 져 라

Fine

음성공양

작사 문재현
작곡 배신영
노래 홍노경

느리게

부처
누리

님 그 사랑 속 의 우리 는 행복이로세 세월
위 빛이신당 신 오심 은 영광이로세 나를

흐 름 깊 은 만 큼 젖어든 나의이행 복 이
깨 운 반 야 의 지 혜 닦 아 이 뤄 서 님

세 상 의 모 든 분 들 부처님 사랑에 젖고 젖어봐요 젖
의 은 혜 보 답 하 는 그 서 원 다 하 는 초 지 일 관 으 로 구

은 만 치 복 되 고 행 복 을 누 리 리 니 오
류 중 생 멸 도 해 이 세 상 이 대 로 를 낙

는 나 날 그 자 체 그 대 로 가 낙 원 이 길 서
원 으 로 이 루 어 함 께 누 릴 그 날 오 길 합

원 하 는 기 도 로 써 음 성
장 기 도 노 래 로 써 음 성

공 양 올 리 옵 니 다   Fine
공 양 올 리 옵 니 다

발 심 가

작사 문재현
작곡 배신영
노래 홍노경

보사노바

우 - 리 네 한 세 상 -　　보 람 찬 삶 - 으 로 -
참 - 나 를 깨 달 아 -　　보 림 을 하 - 고 요 -
본 - 연 - 한 몸 의 -　　능 력 을 베 - 풀 어 -
눈 - 깜 박 하 는 새 -　　한 세 상 다 - 가 고 -

바 꾸 기 위 - 하 여 -　　닦 아 들 봅 - 시 다 -
자 비 심 발 - 하 여 -　　구 제 길 나 - 서 서 -
극 - 락 세 - 계 -　　장 엄 을 하 - 구 요 -
부 귀 와 공 - 명 은 -　　잠 시 의 꿈 - 이 라 -

청 춘 - 홍 안 이 -　　얼 마 나 길 - 던 가 -
중 생 들 세 - 계 에 -　　고 통 을 없 - 애 어 -
둥 실 - 두 둥 실 -　　누 리 기 위 - 하 여 -
이 러 한 되 풀 이 -　　금 생 에 끝 - 내 어 -

꿈 꾸 는 사 - 이 에 -　　백 발 이 된 - 다 네 -
극 락 이 되 - 도 록 -　　최 선 을 다 - 하 세 -
오 늘 의 어 - 려 움 -　　극 복 을 해 - 내 세 -
윤 회 의 사 슬 에 서 -　　벗 어 나 납 - 시 다 -

1-2절 D.C

3-4절

자비의 품

작사 문재현
작곡 배신영
노래 홍노경

느리게

자 대비보살 의 사랑 알지못 하고-
자 대비보살 의 사랑 자비의 품을-

외 면한 저중생 들을- 그래도가-없어-
떠 나간 저중생 들을- 저리도애-타게-

잊-지못하는 그 진한- 마음 모른
부르고부르 는 절절한- 마음 새기

체 하고-업 따라 갈 수가있- 나- 아- 아 하늘땅
고 새기면-업 따라 갈 수가있- 나- 아- 아 하늘땅

사 이- 다시 또없는 자비의 품에- 어서돌아 와
사 이- 다시 또없는 자비의 품에- 어서돌아 와

감 로수 에 소-원이루- 라- **Fine**
감 로수 에 소-원이루- 라-

부처님 은혜 1

작사 문재현
작곡 배신영
노래 홍노경

느리게

노을이 짙고 새둥-지- 찾을땐- 부처 님의절절한- 말씀 생각이 나고

눈에이슬 맺힌채-참회 기도- 명상으로써 억-겁업을-

재우노 라면 구름그늘- 서늘한바 람불어옴을-맞음 이랄까-

상쾌하고 확트인 가슴- 희망의미- 소

입가에번-지-고 콧노래가절로흘러나온다- 고맙

습니다- 참-고맙습니다 더없이큰부처님은 혜

구류중 생을-구제함으로써 갚는것이서원- 입니다 서원

향해- 뛸-것-입니다- 서원향해다할것입니- 다-   Fine

442 바로보인선문염송 26권

보살의 마음

작사 문재현
작곡 배신영
노래 홍노경

느리게

파 - 도 에 실려 떠가 는 낙엽같이 살아가는 인 생 -
구 원 코 자 - 따라주 며 같 이 하 는 자 - 비인 데 -

제 안 경 에 보 인 대 로 말 들 - 하 지 만 -
눈 이 멀 고 귀 가 먹 은 저 들 - 이 지 만 -

못 들 은 척 - 모 르 는 척 최 - 선 - 다 하 - 리
황 소 처 럼 - 지 장 처 럼 최 - 선 - 다 하 - 리

바 - 른 눈 바 - 른 맘 통 쾌 - 히 열 어 라 -
지 - 혜 눈 지 혜 맘 통 쾌 - 히 열 어 라 -

아 - 아 아 - 아 그 - 날 - 이
아 - 아 아 - 아 그 - 날 - 이

그 - 날 이 오 기 만 을 기 다 리 는 마 - 음 -
그 - 날 이 오 기 만 을 기 다 리 는 마 - 음 -

이 생에 해야 할일

작사 문재현
작곡 배신영
노래 홍노경

구도의 목표

작사 문재현
작곡 배신영
노래 홍노경

느리게

눈 뜨면 관음 우러러 보문을 따르며— 하

루 하 루 를 최 선— 다 하 는 일 에

언 제 나 떳떳한불 자 로 서원코큰은혜 갚는 보 살— 행—

대자대 비 를— 베— 풀어 어느때 어느곳 그 무엇— 가 리 지않는

이—로— 제—일의— 사 표가될것을 목표로삼 을

겁 니 다 아 아 사 바 의세 계 가

다 하는— 그 날 까 지

님은 아시리

작사 문재현
작곡 배신영
노래 홍노경

Moderato ♩= 100

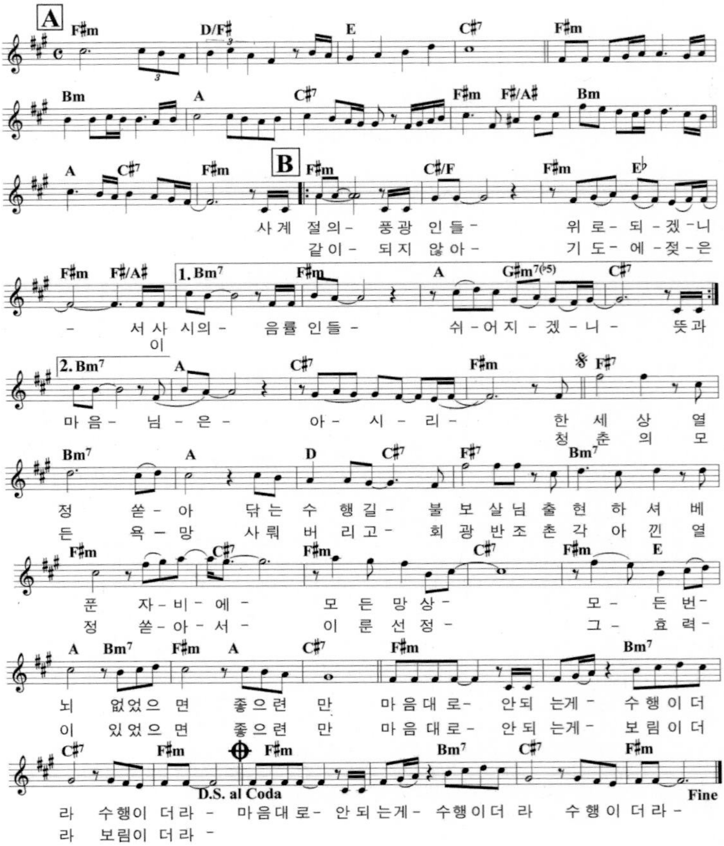

부처님 은혜 2

작사 문재현
작곡 배신영
노래 홍노경

느리게

낙엽이지고국향-이 질을땐- 부처 님의고고한- 말씀 법계화되 고

대승보살 나투어-그릇 따라- 베 푼 법문에 만난 사 -람-

모두가 깨쳐 두타보림-수행을하여 있는그곳-극락 이어서-

걸음걸음 상쾌한 가 슴- 입가에 미 - 소

언제나 번- 지 - 는 대자유삶누 릴지어 - 다 고 맙

습 니다- 참- 고맙습니 다 촌각인들 부 처 님은 혜

그어찌 한들- 잊을 날있으 리 붉은갚 는그날 - 까지 는 서원

향 해- 뛸 - 것- 입니다- 서 원향해 다할것입니 - 다-

Fine

성중성인 오셨네

(초파일노래)

작사 문재현
작곡 배신영
노래 홍노경

내 문제는 내가 풀자

작사 문재현
작곡 배신영
노래 홍노경

조금빠르게

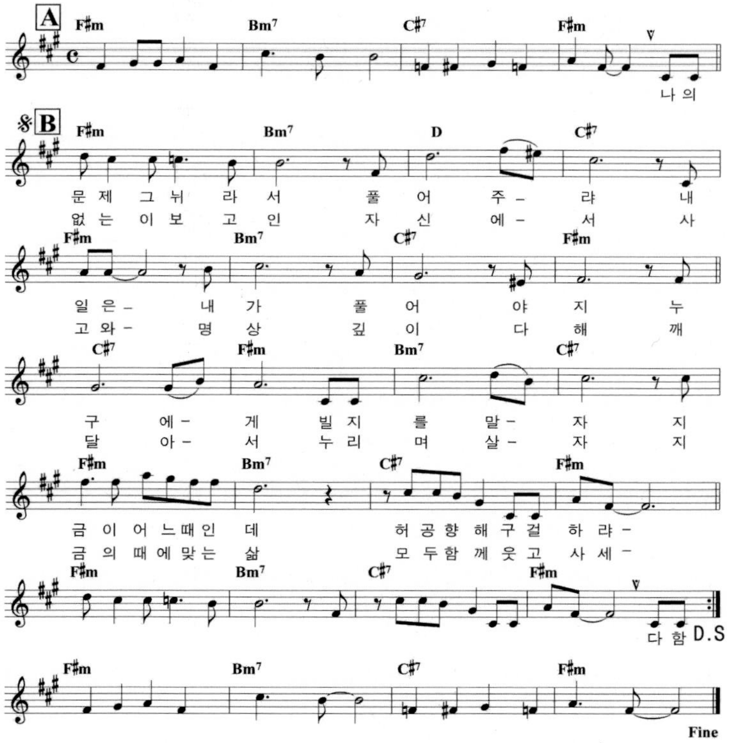

즐거운 밤

작사 문재현
작곡 배신영
노래 홍노경

Trot Disco ♩ = 145

산 사의 - 연 등불빛 - 아롱다롱 - 한들한들 -
그윽한 울림속의 - 모두가 정 - 성 -
맘 모은 축하속꿈실은 - 발원의 미 소를지으며
즐겁게노래하면 - 아롱다롱 연등불도 흥겨웁고 - 자비
한 여래품의 포근 한 이한밤
을 석 - 가 모니 - 불 - 석가모 니 불 - 나 -
무 석 - 가 - 모니 - 불 -

Fine

관 음 가

작사 문재현
작곡 배신영
노래 홍노경

조금빠르게 ♩ = 130

꽃을보아도 먼산을보아도 그리움그리움이 - 더해 -
진 - 관세 - 음 관 세 - 음 은 -
포 - 근한 아 - 아 - 품이 - 랍 니 - 다 -
기쁠 때에 도 어 - 려울 때에 도 자애
로 다 가 오셔 - 서 힘 - 이 되 -
신 관 - 세음관세음은 - 포 근 한 - 품 - 이 랍 니
- 다 -

2xbis

Fine

부 처 님

작사 문재현
작곡 배신영
노래 채연희

이 슬방울 의 아 침햇빛 보다 -
영 롱한 님 이 시 고 - 금 구슬에 - 반 짝 이 는 -
빛 보 다 아 름 다 운 님 이 시 며 -
보 석 의 찬란한 빛 보 다 눈 부 신 님 이 시 기 에 생 각
만 하 여 도 설 레 이 고 이 름 만 들 어 도 행 복 한 님
영 원 한 우 리 들 의 님 이 십 - 니 - 다

열반재일

작사 문재현
작곡 배신영
노래 채연희

인 연 다 함 아 시 기 에 구 제 방 편 거 두 시 어
대 자 대 비 거 룩 하 신 가 르 치 심 이 세 상 에

열 반 드 신 그 자 재 는 그 누 구 가 흉 내 인 들
길 이 길 아 펼 쳐 져 서 그 언 젠 가 이 고 해 가

내 오 리 까 오 고 감 을 뜻 대 로 한
낙 원 으 로 되 는 날 을 믿 는 마 음

거 룩 함 에 정 례 합 니 다 정
우 러 러 서 정 례 합 니 다 정

례 합 니 다
례 합 니 다

Fine

성도재일

작사 문재현
작곡 배신영
노래 채연희

석굴암의 노래

작사 문재현
작곡 배신영
노래 채연희

그윽히 내려 트인 높고높은산기슭에
태초의이마음이 무명으로경계이뤄

명월보다밝은 모습 근엄도하서 라 뵈옵
꿈의세상이어져서 이런삶됐지만 거룩

는 그순간 티끌번뇌 사라지니 한없
한 가르침 깊이새긴 실천으로 일상

이 고요하여 지-순한 마음일세 이마음
의 시시때때 생활화가 되는그날 이세상

속세에 있을때 도 지속되 면 거치른 이세상도 태평세
이대로가 정-토의 세상되 어 노래와 춤으로써 길이길

계 될것일 세
이 즐길걸 세

D.C.   Fine

님의 모습

작사 문재현
작곡 배신영
노래 채연희

합 장 속 의 봉 - 화 처 럼
대 자 비 의 육 - 신 통 을
님 의 모 습 그 - 위 력 에

나 타 나 신 모 - 습
갖 춰 나 툰툰 모 -
보 림 이 룬 마 음

사 색 속 의 태 - 양 처 럼
우 리 들 의 온 - 갖 소 원
님 의 모 습 나 툰찰 나

나 타 나 신 - 모 - 습
이 뤄 주 신 - 모 - 습
둘 이 아 닌 - 마 - 음

아 - 아 - 미 소 속 - 의
아 - 아 - 백 천 삼 - 매
아 - 아 - 님 의 모 - 습

무 지 개 를　　　타 　 고 　 나 - 툰 - 모 -
나 에 게 서　　　깨 - 워 　 주 - 신 - 모 -
그 대 로 가　　　유 - 마 　 묵 - 연 - 마 -

습
습
음

Fine

믿고 따르세

작사 문재현
작곡 배신영
노래 채연희

Dsico (double beat) ♩ = 136

고 - 해일 - 러　낙원이라 한　불 보 - 살님그 - 말씀 의
참 - 나깨 - 친　밝은지혜로　선행 - 닦아사 - 상없 는

진 실한경지　알 려 - 거든　보고들 는　그곳향해
일 상의생활　이 루 - 는날　고해일러　낙원이란

명 - 상하 - 게　명상 - 으로분 - 별
말 - 씀의 - 뜻　내 - 뜻 - 되 - 어

망 상없 - 어지 고　고요로움　극해지면
큰웃음을 - 껄껄짓 고　대장부로　삼계구할

불 멸 의 나 깨 - 치 네
서 원 세 워 행 - 하 리

Fine

신명을 다하리

(작사 문재현 / 작곡 배신영 / 노래 채연희)

부처님께 바치는 노래

작사 문재현
작곡 배신영
노래 채연회

감사합니다

작사 문재현
작곡 배신영
노래 채연회

감사합니 다　환영합니 다　이땅위에오신것을-
나를깨우 려　대자대비 로　이땅위에오셨기에-

축하합니 다　경축합니 다　성 중 성 인 오신 것을-
우리모두 가　감사함으 로　우러러서받듭니다-

손에손을-　서로잡고-　모두함께　즐거워서-
손에손을-　서로잡고-　노래하고　춤을추며-

발걸음도-　가벼웁게-　춤을춤-니다-
나날마다-　오늘같길-　기도함-니다-

춤 을 춤-　니다-
기 도 함-　니다-

교 화 가

작사 문재현
작곡 배신영
노래 채연회

Slow Waltz ♩ = 82

A
Dm   A/C♯   C⁶   G/B

B♭   Gm⁷   Asus⁴   A

B
Dm   A   Dm

주 장 자 떨 처 메 고 -
주 장 자 떨 처 메 고 -
주 장 자 떨 처 메 고 -

Dm   A

방 랑 삼 - 천 계 -
방 랑 삼 - 천 계 -
방 랑 삼 - 천 계 -

Dm   F   A

흰 구 름 뜬 고 개 - 넘 어
흰 구 름 뜬 고 개 - 넘 어
흰 구 름 뜬 고 개 - 넘 어

Dm   A/C♯   Dm

오 신 님 이 누 - 구 뇨 -
오 신 님 이 누 - 구 뇨 -
오 신 님 이 누 - 구 뇨 -

Gm   F   Dm   D/F♯   Gm

사 바 세 계 중 생 들 을
구 류 중 생 그 릇 따 라
화 장 세 계 열 어 놓 고

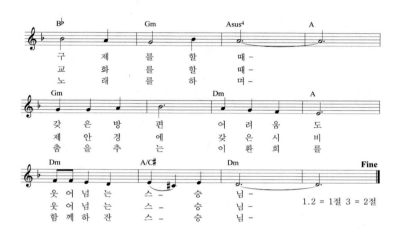

구 제 를 할 때 -
교 화 를 할 때 -
노 래 를 하 며 -

갖 은 방 편 어 려 움 도
제 안 경 에 갖 은 시 비
춤 을 추 는 이 환 희 를

웃 어 넘 는 스 - 승 님 -
웃 어 넘 는 스 - 승 님 -
함 께 하 잔 스 - 승 님 -

1.2 = 1절 3 = 2절

섬진강 소초

작사 문재현
작곡 배신영
노래 채연희

권 수 가 1

작사 문재현
작곡 배신영
노래 채연희

아니아니 - 닦지 는 못하리라 - 일 분과 일 각 - 도 -
아니아니 - 닦지 는 못하리라 - 한송이 떨어진 꽃을 낙화 진 다 고

허 - 송하지말게 눈 - 감 아 - 뜨 는사이백 - 발 - 과 주름일세 -
서러워마라 한번 피 - 었 다 - 꽃이지듯우리저렇듯 지 고마 는 -

어 서수행을하여영원한 참나를알고서 - 세 -
슬 픈나날이흘러흘 - 러 흘러만가니어이하 리 -

이 것이것 이 것이뭐 꼬 뭐꼬라고한 - 이것이뭐
차 착각 - 저초침소 리 검은옷으로 - 다 가오

꼬 - 보 일듯이아니보이 고
는 - 저 승의사자소 - 리

이룰듯하다가 놓쳤으니 - 하루하루가 태산만같게
어 찌아 니 슬플쏜가 - 숙 - 명적인 인 과라해 도

커져만 - 가는게 의심일세 - 얼 씨구나 좋 다 -
극복해 - 넘기에 어려움네 - 얼 씨구나 좋 다 -

지 화자좋 네 - 아니닦지 는 -코러스-
지 화자좋 네 - 아니닦지 는

못 - 하 리 - 라 -
못 - 하 리 - 라 -

Fine

권수가 2

작사 문재현
작곡 배신영
노래 채연희

Bounce ♩ = 120

A
G C G G C G Am D

C G/B Am D

B
G Em C G

아니아니— 닦지 는 못하리라 — 적적요요달밝은 — 밤 — 에 —
아니아니— 닦지 는 못하리라 — 어지러운번 뇌 — 망 — 상 —

Em G C G

단정히눈을감은 깊은삼매 — 대상없는낙에취해 짓는미소 —
털 — 고 이룬보리마음모든속박 — 다떨치고호연지기를 누리는데 —

G Am D G C G G Am G/B

한산습득이 즐겨누리 는 그낙이아니던— 가—
송죽바람 솔솔향기 그윽하고—그윽하 네—

C G Am⁷

모 두들— 저런낙을— 누리려거든— 닦고 닦
산 새도— 노래하니— 너 도좋고— 나 도좋

D G E

소 — 삼세모든불보살님 도
다 — 삼세제불무현금— 에

가슴으로 부르는 불심의 노래 467

두타의수행을 인내로써   하루하루를   수행해왔던
역-대조-사 무공적의   명-월삼경   이좋은밤을

결실로-얻어진 과위라네   얼씨구나좋다
두둥실-두둥실 즐겨보세   얼씨구나좋다

지 화 자 좋 네   아 니 닦 지 는   _코러스_

지 화 자 좋 네   아 니 닦 지 는

못 - 하 리 - 라
못 - 하 리 - 라

Fine

우란분재일

작사 문재현
작곡 배신영
노래 채연희

Trot in4 (double beat) ♩ = 134

A Gm · E♭ · D7 · Gm · E♭ · D7

B Gm · D7 · Gm · Am7(♭5) · Dsus7 · D

우 란분재 맞-이해 서 　대자대비-부처-님 을
정 성어린 마-음으로　이고득락-비옵-나 니

Gm · D7 · E♭ · Am7 · D7

이 자- 리에 　청해모 셔　다생부모 왕생극 락
세 상- 애 착 모두끊 고　부처님의 그세상 에

D7 · Gm · D7 · Gm

정성다한맘 입니 다　지혜짧아 못-미-처 서
나시기만원 합니 다　다생겁에 경-험-하 신

Gm · D · Gm · Cm6 · D7

중 한은혜 입-고서 도　보은보 답　못하고 서
부 질없는 몸-종노 룻　그 허망 을　떨침만 이

Gm · D7 · Cm · Gm11

이 생까지 이-른것 을　머리-숙 여　부처님 께
윤 회고 를 벗-어나 는　길이-오 니　그리되 길

E♭ · D7 · D7 · Gm

참 회합 니- 다 　참 회-합니- 다
비 옵나 이- 다 　비 옵-나이- 다

Fine

고맙습니다

작사 문재현
작곡 배신영
노래 채연희

Waltz ♩= 108

이 런 이 도 고 마 웁 고 저 런 이 도 고 마 우 며
이 런 일 도 없 었 고 저 런 일 도 없 었 고 -
어 려 운 일 없 었 다 면 안 되 는 일 없 었 다 면
참 을 인 자 공 덕 이 어 질 인 자 공 덕 이 -

모 - 두 가 고 맙 습 니 다 - 음
모 - 두 가 없 었 다 - 면 -
고 - 마 움 알 았 으 리 오 -
이 - 리 도 큰 거 란 - 걸 -

음 백 겁 천 생 몹 - 쓸 업
알 고 보 니 님 - 의 은

장 닦 지 못 했 을 걸 고 - 마 워
혜 님 의 은 혜 일 세 고 - 마 워

요 고 마 워 - 요 정 말 정 말
요 고 마 워 - 요 정 말 정 말

고 맙 습 니 다 -
고 맙 습 니 다 -

Fine

믿음으로 여는 세상

작사 문재현
작곡 배신영
노래 채연희

출가재일

작사 문재현
작곡 배신영
노래 채연희

장하십 니 다　　장하 십 니　다
장하십 니 다　　장하 십 니　다

그 의 지 가　　　장하 십 니 다
갖은 역 경　　부 딪 처 서 도

이 세 상 의 모 든 사 람 탐 을 내 는　　왕 의 지 위 와
초 지 일 관 변 함 없 음 우 러 러 서　　존 경 합 니 다

왕 비 와 의 궁 중 낙 을 미 련 없 이 버 리 시 고
나 밖 에 서 찾 으 려 는 어 리 석 음 버 리 고 서

고 - 행 수 - 도　　하 겠 다 한 - 굳 은 의 지　머 리
내 - 안 에 - 서　　찾 으 려 한 - 깨 침 향 한　굳 은

숙 여 찬 탄 합 니　다　　찬 탄 합 니 다
의 지 찬 탄 합 니　다　　찬 탄 합 니 다

Fine

염 원

작사 문재현
작곡 배신영
노래 채연희

우리네 삶, 고운 수로

작사 문재현
작곡 배신영
노래 채연희

어리어리 어-우리 우리함께 사랑하며
어리어리 어-우리 남녀노소 식구처럼
어리어리 어-우리 남녀노소 식구처럼

어울려 노래와춤으로 나-
어울려 나누는맘으로 나-
어울려 나누는맘으로 나-

어리어리 어-우리
어리어리 어-우리
어리어리 어 우리

우리네삶 고운수로 꾸며가세 세
우리네삶 고운수로 꾸며가세
우리네삶 고운수로 꾸며가세

숲속의 마음

작사 문재현
작곡 배신영
노래 채연희

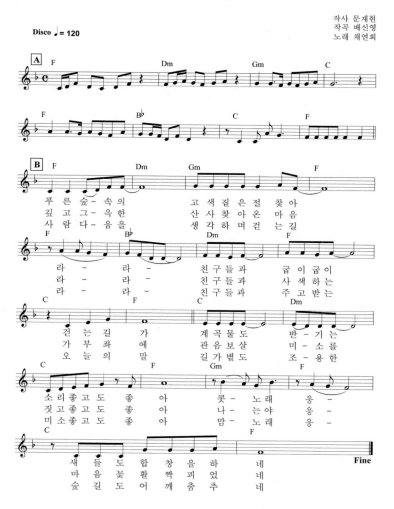

푸른 숲-속의 고 색질은 절 찾아
깊고 그-윽한 산 사 찾아 온 마음
사 람 다-움을 생 각 하 며 걷 는 길

라 - 라 - 친 구 들 과 굽 이 굽 이
라 - 라 - 친 구 들 과 사 색 하 는
라 - 라 - 친 구 들 과 주 고 받 는

걷 는 길 가 계 곡 물 도 반 - 기 는
가 부 좌 에 관 음 보 살 미 - 소 를
오 늘 의 말 길 가 별 도 조 - 용 한

소 리 좋 고 도 좋 아 콧 - 노 래 응 -
짓 고 좋 고 도 좋 아 나 - 는 야 응 -
미 소 좋 고 도 좋 아 맘 - 노 래 응 -

새 들 도 합 창 을 하 네
마 음 꽃 활 짝 피 었 네
숲 길 도 어 깨 춤 추 네

Fine

사 색

작사 대원 문재현
작곡 배신영

조용─히 눈─감고─서 참─나를살펴─봐요

갖은생각 모든행이 이로좇아있건만─ 은

색깔도모양도없어 알─고파서 사색일세 모든걸내려놓고─

쉬는시간사색으 로 한걸음또한걸음다가서는노력다해 기어이성취하여

낙원의─삶─누리려 네

천부경을 아시나요

작사 대원 문재현
작곡 배신영

우리조상 깊 - 은진리 천부경을아시나 요
바른진리 깨 - 달아서 이세상을바로봐 요

여든 - - 한 - 자속에 누 리의 - 온이 - 치 - 를
마음 - - 의 능 - 력으로 펼 쳐놓은장엄 - 이 - 라

남 김없이 - 담 으셨 - 네 - 필부의사내 - 라 도
화 려하고 - 아 름답 - 네 - 이땅인이대 - 로 가

마 음을 - 갈 고닦 - 아 영원 한참 - 나 께 - 쳐
낙 원의 - 세 계이 - 니 노래 와춤 - 으로 - 써

환 인 - 큰은혜에 보 답 - 해사 - 세
어 깨 - 동무하고 영 원 - 히사 - 세

보 살 가

작사 대원 문재현
작곡 김동환

너무느리지않게 ♩ = 80

세상사에어 울린 구 제의길

어려움도웃어넘긴 이 마음을   흰 구름너도알리 라

성불의보리과를 이루기위해   두타의수행으로 써

478 바로보인선문염송 26권

이 세계 저 세계서 닦았던 보현행을 영 원 히 펼치 — 리

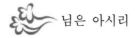 님은 아시리

1 부

1. 사계절의 풍광인들 위로되겠니
   서사시의 음률인들 쉬어지겠니
   뜻과 같이 되지 않아 기도에 젖은
   이 마음 님은 아시리
   한 세상 열정 쏟아 닦는 수행길
   불보살님 출현하셔 베푼 자비에
   모든 망상, 모든 번뇌 없었으면 좋으련만
   마음대로 안 되는 게 수행이더라, 수행이더라

2. 사계절의 풍광인들 위로되겠니
   서사시의 음률인들 쉬어지겠니
   뜻과 같이 되지 않아 기도에 젖은
   이 마음 님은 아시리
   청춘의 모든 욕망 사뤄버리고
   회광반조 촌각 아낀 열정 쏟아서
   이룬 선정 그 효력이 있었으면 좋으련만
   마음대로 안 되는 게 보림이더라, 보림이더라

3. 사계절의 풍광인들 위로되겠니
   서사시의 음률인들 쉬어지겠니
   뜻과 같이 되지 않아 기도에 젖은
   이 마음 님은 아시리
   억겁의 모든 습성 꺾어보려고
   갖은 노력 갖은 인내 온통 쏟아서
   세월 잊은 보림 성취 있었으면 좋으련만
   마음대로 안 되는 게 성불이더라, 성불이더라

2 부

1. 사계절의 풍광인들 비유되겠니
   가릉빈가 음률인들 비교되겠니
   뜻과 같이 자유자재 베풀어놓고
   한없이 즐기시련만
   그러한 대자유의 삶을 접고서
   중생들을 구제하려 삼도에 출현
   갖은 역경 어려움을 감내하는 자비로써
   깨워주는 그 진리에 눈을 뜨거라, 눈을 뜨거라

2. 사계절의 풍광인들 비유되겠니
   가릉빈가 음률인들 비교되겠니
   뜻과 같이 자유자재 베풀어놓고
   한없이 즐기시련만
   억겁을 다하여도 끝이 없을 걸
   알면서도 해내겠다 나선 님의 길
   가시밭길 험난해도 일관하신 그 자비에
   구류중생 깨달아서 정토 이루리, 정토 이루리

3. 사계절의 풍광인들 비유되겠니
   가릉빈가 음률인들 비교되겠니
   뜻과 같이 자유자재 베풀어놓고
   한없이 즐기시련만
   낙원의 모든 즐김 떨쳐버리고
   삼악도를 낙원으로 이뤄놓겠다
   촌각 아낀 그 열정에 모두 모두 감화되어
   이 땅 위에 님의 소원 이뤄지리라, 이뤄지리라

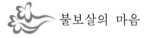 불보살의 마음

1. 자비, 그 자비는 눈물이었네
   불나방이 불을 쫓듯 가는 이
   그래도 못 잊어서 버리지 못해
   저리는 저리는 가슴, 그 가슴 안고서
   눈물, 피눈물로 저리 부르네

2. 자비, 그 자비는 눈물이었네
   제 살 길을 저버리는 이들을
   그래도 못 잊어서 버리지 못해
   저리는 저리는 가슴, 그 가슴 안고서
   눈물, 피눈물로 저리 부르네

 나의 노래

1. 노세 노세 봄놀이하세
   대천세계 이 봄 경치
   한산 습득 친구삼아
   호연지기 즐겨볼까
   얼씨구나 절씨구
   아니나 즐기고 무엇하리

2. 노세 노세 봄놀이하세
   걸음 쫓아 이른 곳곳
   문수보현 벗을 삼아
   화엄광장 춤춰볼까
   얼씨구나 절씨구
   아니나 즐기고 무엇하리

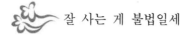 잘 사는 게 불법일세

1. 잘 사는 게 불법일세
   우리 모두 관음보살 지장보살 생활 속에 모시면서
   마음 비운 나날들로 바른 삶을 하노라면
   불보살님 가피 속에 뜻 이뤄서 꽃을 피운
   그런 날이 있을 걸세

2. 잘 사는 게 불법일세
   우리 모두 관음보살 지장보살 생활 속에 모시면서
   마음 비워 살아가며 시시때때 잊지 말고
   참나 찾아 참구하는 그 정성도 함께 하면
   좋은 소식 있을 걸세

3. 잘 사는 게 불법일세
   우리 모두 관음보살 지장보살 생활 속에 모시면서
   틈틈으로 회광반조 사색으로 참나 깨쳐
   화장세계 장엄하고 얼쉬얼쉬 어울리며
   영원토록 웃고 사세

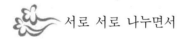 서로 서로 나누면서

버들 푸르고 꽃 만발하고 나비 춤이더니
녹음이 우거지고 매미들의 노래 가득한 천지
울긋불긋 고운 단풍 어제인 듯한데 눈이 오네
우리 모두의 삶 저러하고 저렇지 않던가
보기도 아까웁고 소중한 형제 자매들이니
서로 서로 나누면서 짧은 우리네 삶을 즐기세

 해탈의 길

1. 백짓장 한 장도 가리운 것 없는 것을
   그리도 몰라 여섯 갈래 떨어져서
   그 처참한 갖은 고통 날로 날로 겪는다는 말이런가

   백짓장 한 장도 설 수 없는 것이라서
   모를 뿐이라 어려울 것 없는 것을
   제 능력에 제가 속은 고통에서 벗어나지 못하누나

   백짓장 한 장 그런 말도 비운 거기
   조용하게 비추어 보아 사무쳐들 보게나
   끝이 없는 윤회길의 모든 고통 벗어나는 길이로세

2. 백짓장 한 장 벗겨낼 일도 없이
   천연으로 내게 있어 본래 대자윤데
   억겁 속을 속박 고통 겪었구나
   얼씨구나 절씨구나 좋고 좋네

   백짓장 한 장 만한 것도 얻음 없이
   이리 만족 하는 것을 두고
   유구세월 걸인생활 하였구나
   얼씨구나 절씨구나 좋고 좋아 좋고 좋네

   백짓장 한 장 옮김 없이 이른 낙원
   이 행복을 모두 함께 누려 지상낙원 되는 날을
   하루라도 앞당겨서 크고 크신 님의 은혜 갚아보세

 우리 모두

우리 모두 만난 인생 즐겁게 살자
부딪치는 세상만사 웃으며 하자
인연으로 어우러진 세상사이니
풀어가는 삶이어야 하지 않겠니
몸 종노릇 하는 사이 맘 챙겨 살자
맑고 맑은 가을 허공 그렇게 비워
명상으로 정신세계 사무쳐보자
언젠가는 깨쳐 웃는 그날이 오리
한산 습득 껄껄 웃는 그러한 웃음
웃어가며 모든 일을 대하는 날로
활짝 펼쳐 어우러진 그러한 삶을
우리 모두 발원하며 즐겁게 살자

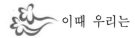 이때 우리는

1. 화산의 폭발로 해서 사람들과 모든 것이 용암펄로 화해버린
   이 막막한 우리들을 올바르게 영원으로 끌어주실
   성인중의 성인이신 불보살님 나라에 가 나는 게 꿈이네

2. 태풍이 인가를 덮쳐 다정했던 이웃들은 간 곳 없고
   어지러운 벌판 되어 처참하고 참담하기 그지없는 무상한
   이 현실에 의지할 분 생명 밝혀 영원케 한 부처님 뿐이네

3. 지진이 우리의 삶을 삼켜버려 초토화가 되어버린
   허망하기 그지없는 우리들의 현실에선 사방천지 둘러봐도
   의지해야 할 분은 자신 깨쳐 누리라 한 부처님 뿐이네

🌸 다시 올 수 없는 날

눈을 감은 합장으로 맹서합니다 언제나 같이 하길
모든 걸 버리고 출가를 했으니 기필코 성불하길
굳은 맹세를 하죠 일심기도를 하죠
내 생에 이처럼 의미깊은 날 다시는 올 수 없을 겁니다
스승님을 만난 걸 너무나 감사해요
이 생에서 생사자재하여 모두 함께 합시다
위로는 불지를 닦고 아래로는 교화를 하여
이 생에서 부처님의 크고 큰 은혜를 갚으리라

🌸 사람다운 삶

1. 사람이 사람다운 사람이 되려면
   명상으로 비우고 비워서
   고요의 극치에 이르러
   자신을 발견한 슬기로써
   마음을 다스리는 연마 후에
   그 능력으로 모두가 살아가야
   평화로운 세상이 활짝 열려
   모두 함께 누릴 걸세

2. 서로가 다툼 없이 서로를 아껴서
   마음으로 베풀고 베푸는
   사회로 이루어 간다면
   낙원이 멀리만 있는 것이 아니라
   살고 있는 이대로가 낙원이란 걸
   모두가 실감하는
   우리들의 세상이 활짝 열려
   모두 함께 누릴 걸세

 즐거운 마음

1. 우리 모두 선택 받은 제자 되어
   즐거운 맘 하나 되어 축하합니다
   그 무엇을 이룬들 이리 좋으며
   황금보석 선물인들 이만하리까
   부처님의 가르침만 따르오리다
   실천하리라 실천하리라

2. 부처님의 뒤 이을 걸 맹세하며
   다짐으로 즐기는 맘 가득합니다
   당당하게 행보하는 구세의 역군
   혼신 다해 낙원 이룬 이 세계에서
   함께 사는 즐거움을 생각하며
   노래합니다 노래합니다

 닮으렵니다

관세음보살 관세음보살
지극한 마음으로 닮으려고
오늘도 노력하며 주어진 일을 하면
하루가 훌쩍 가는 줄도 모른다오
관세음 관세음보살
님께서 베푸는 그 넓은 사랑을
이 맘 속에 기르고 길러서
실천하는 그런 장부 되어서
큰 은혜 갚을 겁니다

 바른 삶

1. 어디 어디 어디라 해도
   마음 찾아 바로만 살면
   그곳 바로 극락이라네
   세상분들 귀담아듣고
   사람 몸을 가졌을 때에
   모든 고비 극복해내서
   참선으로 참나를 깨쳐
   걸림없는 해탈의 세상
   누려보세 누려들 보세

2. 어둔 곳에 태양이 뜨듯
   중생계에 불타 출현해
   바른 삶에 인도를 하셔
   복된 날을 기약케 하니
   아니 아니 좋고 좋은가
   이 몸 주인 통쾌히 깨쳐
   억겁 업을 말끔히 씻고
   걸림없는 해탈의 세상
   누려보세 누려들 보세

 선 승

토함산 소나무 위에 달빛도 조는데
단잠을 잊은 채 장승처럼 앉아있는
깊은 밤 선승의 그윽한 눈빛
고요마저 서지 못한 선정이라
대천도 흔적 없고 허공계도 머물 수 없는
수정 같은 광명이여, 화엄의 세계로세

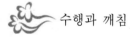 수행과 깨침

1. 그릴 수도 없는 마음 만질 수도 없는 마음
   찾으려는 수행이라 모든 것을 다 버리고
   모든 생각 비우기를 몇천 번이었던가
   머리 터져 피 흘려도 멈출 수가 없는 공부
   이 공부가 아니던가

2. 놓지 못해 우두커니 장승처럼 뭐꼬 하고 앉았는데
   앞뒤 없어 몸마저도 공해버린 여기에서 이러-한 채
   시간 간 줄 모른 채로 눈을 감고 얼마간을 지나던 중
   한 때 홀연 큰 웃음에 화장계일세

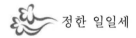 정한 일일세

우리네 삶이란 것
풀 끝 이슬 아니던가
서로서로 위로하고 아끼면서
우리 모두 착한 삶이
이어져 가노라면
언젠가는 행복한
그날이 우리에게
찾아오는 것 정한 일일세
찾아오는 것 정한 일일세

맹 세

1. 내가 선택한 수행의 길에 나의 청춘을 묶었다
   님 향해 눈 감고 합장에 담은 지극한 신심과 정성입니다
   내 가슴에 못질을 하는 업심의 무게 속에서도
   우리가 모신 스승님 자비 속에 눈물도 이젠 끝났다
   너무도 쉽게 깨달아서 소중한지도 모르고
   보림이 힘겨워 단 한 번도 감사하단 말도 못했네
   백년도 우린 살지 못하고 이 몸은 흩어지지만
   세세생생 우리 함께 하도록 열심히 정진하리라

2. 40여년쯤 지나 내 육신의 옷을 벗을 때가 되면
   생사자재하여 스승님과 그 길을 함께 하리라
   너무도 쉽게 깨달아서 소중한지도 모르고
   보림이 힘겨워 큰 은혜에 감사하단 말도 못했네
   백 년도 우린 살지 못하고 이 몸은 흩어지지만
   세세생생 님의 은혜 갚는 길 온 중생 제도함이라
   이 세상의 어떤 고난이 나를 막는다 하여도
   내 전부인 오직 한 분 님 위해 살리라 님 위해 살리라

 지장보살

지장보살 두 눈의 흐르는 눈물
마르실 날 언제일까 생각하고 또 생각해도
이 세상의 사람들이 멀어지게만 하고 있네요
보살님 어찌해야 하오리까
반야의 실천으로 최선 다해 돕는다면
안 되는 일 있으리까
대원본존 지장보살 나무 지장보살

걱정 말라

1. 걱정 말라 걱정을 말라 불보살님 말씀대로만
   행한다면 안 풀리는 일 없다 하지 않았던가
   육근으로 보시를 하며 웃고 살자 웃고들 살자
   백년 미만 우리네 인생 세상 만사 마음먹기 달렸다고
   일러주시지 않았던가 걱정을 말라

2. 이리 봐도 저리를 봐도 모두 모두 내 살림일세
   간섭할 수 없는 내 살림 아니 아니 그러한가
   이리 펼치고 저리 펼쳐 육문으로 지은 복덕
   베푸는 맛이 아니 좋은가 우리 사는 지구인 별 함께 가꿔
   낙원으로 만들어서 살아들 보세

   얼씨구나 절씨구나 한 판 놀음 덩실덩실 살아들 보세

따르렵니다

1. 우리 모두 합장 공경 하옵니다
   크고 작은 근심 걱정 씻어주려
   우릴 찾아 오셨으니 감사합니다 고맙습니다

2. 우리 모두 손에 손을 맞잡고서
   즐거웁게 노래하고 춤을 추며
   우리에게 오신 님을 경하합니다 축하합니다

3. 우리들의 깊은 잠을 깨워주셔
   영생불멸 낙원의 삶 누리게끔
   해주시려 오신 님을 공경합니다 따르렵니다

효

1. 아들 딸이 귀엽고 사랑스런 그 속에 우리들의 부모님
   어려움에도 끝내 가르치고 기른 정 이제 읽으며
   늦은 눈물로써 불초를 뉘우치며 맹세하고 다짐하는
   아들 딸이 여기 있으니, 건강히 오래만 사시기를
   손 모아 손을 모아 간절하게 바라고 또 바라는
   기도를 하옵니다 부모님 입이 귀에 걸리시게 할 겁니다

2. 어렵고도 어려운 보릿고개 그 속에 우리들을 먹이고
   가르치느라 정말 그 얼마나 고생이 되셨습니까
   허리 두 끈들을 졸라맨 아픔으로 사셨죠
   정말 정말 오래도록 건강하게만 계셔주신다면
   아들 딸을 낳으시고 길러주신 그 노고에 크게 보답할 겁니다
   아버님 어머님의 입이 귀에 걸리시게 할 겁니다

 나는 바보

나는 바보다 나는 바보야
역지사지 알다보니 바보가 되었네
그렇지만 내 주위는 언제나 웃음이 있고
나눔이 있어 행복하다네
나는 나는 그런 바보야
나는 나는 그런 바보야

웃고 살자

1. 아하하하 우습다 아하하하 우스워
   제 그림자 모르고 저라 하는 사람 보고 아니 웃고 울으랴
   아하하하 우습다 아하하하 우스워
   다섯 도적 종노릇에 헌신하는 사람 보고 아니 웃고 울으랴
   아하하하 우습다 아하하하 우스워
   저승세계 코앞인데 대비 없는 사람 보고 아니 웃고 울으랴
   아하하하 우습다 아하하하 우스워
   참나 찾지 아니하고 허송하는 사람 보고 아니 웃고 울으랴
   아하하하 우습다 아하하하 우스워 (3번 이상)
   아리랑 아리랑 아라리요
   아리랑 고개를 넘어간다
   나를 버리고 가시는 님은
   십 리도 못 가서 되돌아온다

2. 즐겁고도 즐겁다 즐겁고도 즐거워
   좋은 인연 있었던가 거룩한 이 만나서 참나 찾은 이 행운이
   즐겁고도 즐겁다 즐겁고도 즐거워
   이 행운을 나 혼자서 누리기에 아쉬워 인도하려 나섰는데
   아리랑 아리랑 아라리요 아리랑 아리랑 아라리가 났네
   즐겁고도 즐겁다 즐겁고도 즐거워
   영원한 나 찾음으로 한순간에 성취한 낙원의 삶 권하나니
   즐겁고도 즐겁다 즐겁고도 즐거워
   우리 모두 다 함께 얼싸안고 누리는 그런 세상 노력하세
   즐겁고도 즐겁다 즐겁고도 즐거워 (3번 이상)
   아리랑 아리랑 아라리요
   아리랑 고개를 넘어간다
   청천 하늘엔 잔별도 많고
   이내 가슴엔 희망도 많다

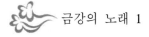 금강의 노래 1

일 없는 경지인 부처님, 중생 위해 한순간도 쉼 없이 일심전력 쏟으시네.

사위국 기수급고독원서 1250명의 비구들과 계실 때 세존께서 공양 때가 되자 가사 입고 발우 들고 사위성에 들어 차례차례 비신 후에 본 곳에 오셔 드시고 가사 발우 거둔 다음 발 씻고 자리 펴 앉으셨네.
이때 장로 수보리 대중 가운데 있다가 자리에서 일어나 오체투지로 앉아 공경히 합장하고 부처님께 여쭙기를
"희유합니다. 세존이시여. 모든 수행하는 보살들에게 잘 생각하여 지키게 하시고 잘 부촉하셨습니다. 그러나 세존이시여 아뇩다라삼먁삼보리 마음을 내어 어떻게 머무르며 어떻게 그 마음을 항복시켜야 합니까?"
"착하고도 착하구나. 수보리야. 네가 말한 대로 여래는 모든 보살들이 잘 생각하여 지키게 하였고 모든 보살들에게 잘 부촉하였다. 그러나 제삼 청하니 너희들은 자세히 듣거라. 그대들을 위해 일러주리라.
선남자 선여인들이여, 아뇩다라삼먁삼보리 마음을 내어 마땅히 이러-히 머물고 이러-히 그 마음을 항복시켜야 하니라."

금구성언 말씀대로 실천 다해
내 기어이 성취하여 구류 구제
최선 다해 큰 은혜를 보답하리

"그러하오나 세존이시여, 정말 그렇습니다만 바라옵건대 보다 더 자세히 듣고자 하나이다."
부처님께서 수보리에게 말씀하시기를
"모든 보살마하살은 마땅히 이러-히 그 마음을 항복시켜야 하니라. 내가 모든 중생들인 아홉 가지 무리들을 모두 남김없이 열반에 들게 하여 이러-히 한량없고 수없고 끝없는 중생을 멸도해서는 진실로 멸도 얻은 중생이 없어야 하니라.
왜냐하면 수보리야 만일 보살이 아상, 인상, 중생상, 수자상이 있다면 곧 보살이라 할 수 없기 때문이다.
수보리야, 보살은 마땅히 법에도 머무름 없이 보시를 해야 하는 것이니 색

에 머무름 없이 보시를 해야 하며, 소리나 향기나 맛이나 촉감이나 법에도 머무름 없이 보시를 해야 하니라.

수보리야, 마땅히 보살은 이러-히 보시를 하여 모든 상에 머무름이 없어야 하는 것이니, 만약 보살이 상에 머무름 없이 보시를 하면 그로 인한 복덕은 생각으로 헤아릴 수 없느니라. 왜냐하면 끝없는 미래에 누리기 때문이니라. 그대는 어떻게 생각하느냐? 몸과 모양으로 여래를 볼 수 있겠느냐, 없겠느냐?"

"볼 수 없습니다. 세존이시여. 몸과 모양으로는 여래를 볼 수 없습니다. 왜냐하면 여래께서 말씀하신 몸과 모양은 곧 몸과 모양이 아니기 때문입니다."

"수보리야, 무릇 있는 바 상이 모두 허망하다고들 하나 만약 모든 상이 상 아님을 보면 바로 여래를 본 것이니라."

금구성언 말씀대로 실천 다해
내 기어이 성취하여 구류 구제
최선 다해 큰 은혜를 보답하리

수보리가 부처님께 여쭈었다.
"이상과 같은 말씀을 듣고 참답게 믿음을 낼 중생이 있겠습니까?"

"수보리야, 그런 말을 말라. 내가 열반한 뒤 오백 세가 지난 후라도 계행을 갖추고 복을 닦는 사람이 있어서 이 글귀에 능히 믿는 마음을 내어 이로써 참다움을 삼을 것이니라.

마땅히 알라. 이 사람은 한 부처님, 두 부처님, 세 부처님, 네 부처님, 다섯 부처님에게만 선근을 심은 것이 아니라 이미 한량없는 천만 부처님 처소에서 선근을 심었기에 이 글귀를 듣고 지극한 한 생각에 깨끗한 믿음을 내니라."

금강반야바라밀
금강반야바라밀
금강반야바라밀

금구성언 말씀대로 실천 다해
내 기어이 성취하여 구류 구제
최선 다해 큰 은혜를 보답하리

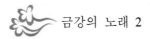

일 없는 경지인 부처님, 중생 위해 한순간도 쉼 없이 일심전력 쏟으시네.

수보리가 부처님께 여쭈었다.
"세존이시여, 부처님께서 아뇩다라삼먁삼보리를 얻으셨다 하나 얻은 바 없습니다."
"그렇고 그렇다 수보리야. 나에게는 아뇩다라삼먁삼보리나 그 어떤 조그마한 법도 얻음이 없으니 이를 이름하여 아뇩다라삼먁삼보리라 하니라.
수보리야 이 법은 평등하여 높고 낮음이 없기에 이를 이름하여 아뇩다라삼먁삼보리라 하니라. 아도 없고, 인도 없고, 중생도 없고, 수자도 없이 모든 선법을 닦아야 곧 아뇩다라삼먁삼보리를 얻느니라.

금구성언 말씀대로 실천 다해
내 기어이 성취하여 구류 구제
최선 다해 큰 은혜를 보답하리

수보리야 선법이라고 말한 것도 여래가 곧 선법도 아닌 이것을 이름하여 선법이라 할 뿐이니라.
수보리야 만일 어떤 사람이 삼천대천세계 가운데 있는 모든 수미산왕만한 일곱 가지 보배 무더기로 보시한다 해도 이 반야바라밀경의 네 글귀 게송만이라도 받아 지녀 읽고 외워서 다른 사람을 위하여 설하여 주는 이가 있다면 앞에서 일곱 가지 보배로 보시한 복덕으로는 백천만억의 일에도 미칠 수 없느니라.
왜냐하면 그 복덕은 끝없는 미래에 누리기 때문이니라.
다른 사람을 위하여 어떻게 말하여 주겠느냐?
취할 상이란 것도 없으니 이러-하고 이러-해서 움직임이 없도록 하라.
왜냐하면 모든 함이 있는 법은 꿈 같고, 허깨비 같고, 물거품 같고, 그림자 같으며, 이슬 같고, 번개 같아서 마땅히 이러-히 보아야 하기 때문이니라.

금구성언 말씀대로 실천 다해
내 기어이 성취하여 구류 구제
최선 다해 큰 은혜를 보답하리

 반야의 노래

일 없는 경지인 부처님, 중생 위해 한순간도 쉼 없이 일심전력 쏟으시네.

내면 향해 비춰보는 지혜로써 이 몸 공함 바로 보아
나고 죽는 모든 괴로움 벗어나신 관자재의 말씀 들어보오

색이라나 공과 다르지 아니하고
공이라나 색과 다르지 아니하여
색 그대로 공이고, 공 그대로 색이며
받는 것, 생각하는 것, 행하는 것, 분별도 그렇다시네

모든 법의 상도 또한 공했나니
나고 죽음 본래 없고 더럽지도 깨끗지도 아니하며
늘지도 줄지도 않는다시네

금구 성언 옳은 말씀
수행이란 힘이 들어도
고비 넘겨 이뤄만 봐요
더 없는 행복을 이루네

공 가운데 색 없어서, 받는 것, 생각하는 것, 행하는 것, 분별도 없고
눈과 귀와 코와 혀, 몸과 뜻도 없고
빛과 소리, 향기와 맛, 닿는 것과 법도 없어
눈으로 볼 경계 없어 뜻으로 분별할 경계도 없고
무명 없고 무명 다함 또한 없다시네
그러므로 늙고 죽음 없고, 늙고 죽음 다한 것도 본래 없어
고와 집과 멸과 도도 없다 하고
지혜도 없고 또한 얻음마저 없으니, 얻을 바 없는 까닭이라시네

금구 성언 옳은 말씀
이 경지가 힘이 들어도

구비 넘겨 이뤄만 봐요
영원한 행복을 이루네

보살님들 반야바라밀다를 의지하는 까닭으로 마음에 걸림 전혀 없고
걸림 없는 까닭으로 두려움이 전혀 없어
엎어지고 거꾸러진 꿈결 같은 생각들이
전혀 없어 마침내 열반이라시네

삼세 모든 부처님도 지혜로써 저 언덕에 이르름을 의지한 고로
무상정변정각 이뤘나니 그러므로 알지어다
반야바라밀다는 이러-히 크게 신령한 주며 이러-히 크게 밝은 주며
이러-히 위없는 주며 이러-히 차별 없는 차별하는 주라
능히 모든 괴로움을 없앤다 함 진실이지 거짓 없네

아제 아제 바라아제 바라승아제 모지 사바하
아제 아제 바라아제 바라승아제 모지 사바하
아제 아제 바라아제 바라승아제 모지 사바하

금구 성언 옳은 말씀
이 경지를 최선을 다해
이룬다면 끝없는 삶에
영원한 행복을 이루네

사람 사는 이치

이 세상 사람들 사는 것
농부들 농사를 짓는 것과
조금도 다를 바 없는 이치이니
여러분 귀 기울여 들어보시오
얼씨구나 좋네 지화자 좋네 아니 아니 그러는가

봄이 되면 깊이 깊이 간직해 둔 씨곡식을
꺼내다 땅을 파고 다듬어서 골을 파고 뿌린 후에
오뉴월 찜더위에 구슬땀을 흘리면서
김을 매어 가꾸는 것은 엄동설한 추운 날에
사랑하는 부모님과 아내 자식들 모두
잘 지내게 하려는 깊은 뜻에서라네
얼씨구나 좋네 지화자 좋네 아니 아니 그러는가

어떤 이가 말을 하기를 늘 현재만을 즐겁게 살자
강변함을 보았는데 좋은 말이기는 하지만
그 말은 자칫하면 희망이 없는 잘못된 말이라네
그러므로 내일을 위하여 오늘의 어려움을 즐기면서
밝게 밝게 살아갑시다
얼씨구나 좋네 지화자 좋네 아니 아니 그러는가

 치유의 노래

요즈음의 우울증과 가지가지 신경성 질환에 시달리는 사람들
세상에서 들리는 저 모든 소리들을 나의 내면에서 듣는 곳을 향해 비춰보오
쉬운 일은 아니지만 포기하지 않고
듣는 곳을 향해 보고 또 보는 것을
하루 이틀 한 달 두 달 지속하다보면
어느 날 밖이 없는 고요를 체험하게 될 것일세
얼씨구나 좋네 지화자 좋네 아니 아니 그러는가

그 고요를 지속하도록 노력하노라면
어느 날 대상 없는 미소와 동시에 편안함을 체험하게 될 것일세
밖이 없는 이 고요의 편안함을 즐기다 보면
어느 날 밖의 어느 인연을 맞아 그 실체인 자신을 발견할 것일세
이 실체를 발견한 뒤 세상을 살아가는 과정에서 어려운 일이 있으면
바로 그 실체에 비춰 보게
그 어려운 것들이 사라지고 밖이 없는 고요로운 실체의 자신이
대상 없는 미소를 짓게 될 것일세
얼씨구나 좋네 지화자 좋네 아니 아니 그러는가

 바른 삶

우리 삶을 두고서 허무하다 누가 말했나
본래 마음이 나 아닌가
그 마음 나를 삼아 살면 되지
지금도 늦지 않네 우리 모두
오늘부터 모두들 마음으로 나를 삼아
길이길이 웃고들 사세

 여기가 낙원

참나 찾아 영원을 향해
한 눈 안 판 노력을 하며
가정 위해 사회를 위해
뛰고 뛰고 혼신을 다한
나의 노력 결실이 되어
일상에서 누리는 나날
선 자리가 낙원이 되니
초목들도 어깨 춤추고
산새들도 축하를 하네

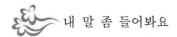 내 말 좀 들어봐요

모두 모두 내 말 좀 들어봐요
이 몸이 내가 아니라 이 마음이 나 아닌가
살아가는 생활 속에 명상을 하여
이 맘 찾아 나를 삼아 살아를 봐요
모든 속박 모든 괴롬 벗어나는 아주 좋은 일이니
이제라도 안 늦으니 명상으로 뜻 이루어
영원한 생명 영원한 행복 우리 모두 누려들 보세

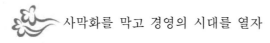 사막화를 막고 경영의 시대를 열자

사막화로 급속히 변해가는 이 지구를
방치해선 아니 되네 방치하면
지구가 생긴 이래 최악의 상태 됨은
불을 보듯 뻔한 일일세, 하지만

육십 억의 온 인류가 한 마음 한 뜻 되어
황무지는 돌나물로 푸른 초원 만들고
확장되는 사막화를 세면관의 바닷물로 막는다면
지구가 생긴 이래 가장 살기 좋은 시대를
인류는 맞을 걸세

아리랑 아리랑 아라리요
아리랑 고개를 넘어간다
청천 하늘엔 잔별도 많고
이내 가슴엔 희망도 많다

사막은 지구의 심장
21세기는 사막 경영 시대화를 하여
연구에 노력을 다한다면은
지상 낙원이 우리 인류에게 달려와서 맞을 걸세

육십 억의 온 인류가 손에 손잡고 한 뜻 되어
사랑하는 마음으로 역경을 헤쳐 나가
황무지를 초원으로 만들고
사막화를 막아 살기 좋은 지구촌을 이뤄보세
살기 좋은 지구촌을 이뤄보세

아리랑 아리랑 아라리요
아리랑 고개를 넘어간다
청천 하늘엔 잔별도 많고
이내 가슴엔 희망도 많다

잘 사는 비결

참지 못한 결과는 어려움이 닥치고
참고 참는 결과는 좋은 일이 온다네
친구들아 모든 일 힘을 합쳐 맞으면
못 이룰 일 없지만
니 떡 너 먹고 내 떡 나 먹는 그럼 마음 쓴다면
될 일도 아니 된다네
우리 서로 뜻을 합쳐 모두 모두 잘 살아보세
이미 이룬 과학문명 선용을 하여 용맹심을 내어
모든 일에 임한다면 행복이 줄을 서서 올 걸세
아리랑 아리랑 아라리요
아리랑 고개를 넘어간다
청천 하늘엔 잔별도 많고
이내 가슴엔 희망도 많다

용서하는 결과는 웃는 날이 맞이하고
베푼 뒤엔 참 좋은 이웃들이 생기네
친구들아 서로들 힘을 합쳐 임하면
못할 일이 없지만
니 떡 너 먹고 내 떡 나 먹는 그런 마음 쓴다면
될 일도 아니 된다네
오늘부터 뜻을 합쳐 우리 한번 잘 살아보세
이미 이룬 과학문명 선용을 하여 용맹심을 내어
모든 일에 임한다면 행복이 줄을 서서 올 걸세
아리랑 아리랑 아라리요
아리랑 고개를 넘어간다
청천 하늘엔 잔별도 많고
이내 가슴엔 희망도 많다

 사는 목적

우리 모두 행복을 찾아 영원을 찾아
내면 향해 비춰보는 명상으로
앉으나 서나 일을 하나 최선을 다하는
하루의 해가 서산을 붉게 물들이고
가을 낙엽 한 잎 두 잎 지는 속에선
합장 기도하여 또 다짐과 맹서의 말
뜻 이루어 이 세상의 빛이 돼서
구류를 생사 고해서 구제하는 사람으로
영원히 영원히 살 것입니다

곰탱이

곰탱이 곰탱이 미련 곰탱이
세상 사람 요구 따라 다 들어준
사람더러 곰탱이라네
요구 따라 따지지 않고
들어주기 바쁜 이를 놀려대며 하는 말
곰탱이 곰탱이 미련 곰탱아
그리 살다간 끝내는 빌어먹을 쪽박마저
없겠구나 미련 곰탱아
그래도 덩실덩실 추는 춤을
보며 깔깔 웃는 사람들아
웃는 자신 모르니 서글퍼 내 하는 말
한 판의 꿈속이라 천금만금 쓸데없네
깔깔 웃는 그 실체를 자신 삼아 사는 삶이 되길
바라고 바라는 곰탱이 춤이로세

미련 곰탱이

나는 나를 모른 곰탱이 곰탱이 미련 곰탱이
나는 나를 보고 듣는 그거라고 보여주듯 일러줌에
동문서답 일관하는 곰탱이 곰탱이 미련 곰탱이
그러므로 성현들의 천하태평 무릉도원 못 누리고
고생 고생 살아가는 곰탱이 곰탱이 미련 곰탱이
그런 삶을 면하려면 나라는 나를 깨달아라 자상하게 이끈 말씀
이행 못한 곰탱이 곰탱이 미련 곰탱이
귀천 없이 이끌어서 선 자리가 안양낙원 되게 하신
말씀을 이행 못한 곰탱이 곰탱이 미련 곰탱이
궁전 낙을 저버리시고 고행 수도 다하셔서
나란 나를 깨침으로 영생의 낙원으로 이끄신
이 기회를 놓친다면 다시 만나기 어렵고 어려우니
칠야삼경 봉화 같은 그 지혜의 광명 받아
각자 것이 되게 하란 그 말씀을 실행 못한 곰탱이 곰탱이 미련 곰탱이
그 지혜의 이끔 받아 이러-한 각자 경지 되는 날엔
백사 만사 무엇이든 뜻대로 이뤄진다 권한 말씀 실행 못한 곰탱이 곰탱이
미련 곰탱이
눈앞의 그 작은 것 쫓다가 영원한 삶의 낙 놓치지 않으려면
나란 나를 꼭 깨달으란 귀한 말씀 실행 못한 곰탱이 곰탱이 미련 곰탱이
금구 성언 귀담아듣지 않고 흘려듣다간
백 년도 못 채운 후회막심 삶 되리니 새겨듣고 새겨들어 실천하란 그 말씀
실행 못한 곰탱이 곰탱이 미련 곰탱이
실천하여 깨닫고 박장대소 하는 날엔 삼세 성현 모두모두가 곰탱이 곰탱이
가 누리 안은 광명 놓네 누리 안은 광명 놓아 삼창을 할 거라네

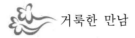 거룩한 만남

불법을 만난 건 행운 중 행운이며 내 생의 정점일세
거룩한 이 법을 만나는 사람이면 서로가 권하고 권을 하여
함께 한 일상의 수행이 되어서 다 같이 누리는 낙원 이뤄
고통과 생사는 오간 데 없고 웃음과 평온만 넘치고 넘쳐
길이길이 끝이 없는 복락 누리세

여래의 큰 은혜 순간인들 잊으랴 수행해 크게 깨쳐
구제를 다함만 큰 은혜 갚음이니 노력과 실천 다해 우리
모두 씩씩한 낙원의 역군이 되어 봉화적인 이생의 삶으로써
최선을 다하여 부끄럼 없는 대장부로 은혜 갚는 장부로
길이길이 끝이 없는 복락 누리세

🌸 옛 고향

고향 옛 고향이 그리워 거니는 산책에
고요한 달빛 휘영청 밝고 밤새는
그 무슨 생각에 저리 부르는 노래인데
숲 타고 온 석종소리에 열리는 옛 내 고향
그리도 캄캄하던 생각들은 흔적도 없고
고요한 마음 옛 고향 털끝만큼도
가리운 것이란 없었는데
어찌해 그 무엇에 어두웠던고 고향길 옛 내 고향
나는 따르리라 끝없는 일이라 하여도
님 하신 구제 고난과 역경
그 어떤 어려움 닥쳐도
님 하시는 일이라면 멈추는 일 없을 것일세
이것만이 보은이라네 보은이라네

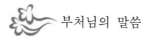 부처님의 말씀

부처님 말씀은 하나하나 자비더라
그러기에 불자들은 온화하고 선하더라
부처님 가르치는 이치는 흐르는 물이고
서늘한 산바람이며 봄꽃향기요
심금을 울리는 연주요 노래요
포근한 어머니의 사랑이더라
바다처럼 넓고 넓은 자비의 품이더라
포근하고 온화한 그 가르침 하나하나
이치에 어긋남이 없으신 진실이더라
모두모두 다 함께 우리 모두 닮자구요
모두모두 다 함께 우리 모두 닮자구요
모두모두 다 함께 우리 모두 닮자구요
어쩌다 어쩌다 이런 가르침을 만났는지
이 다행 이 요행 헛되이 하지 않아
이 생에 깨달아서 이 크고 큰 은혜
갚는 일에 소홀하지 않으리라
감사합니다 감사합니다 우리부처님
당신의 후예들마저도 유일하게
전쟁 같은 일들은 일으키지 않습니다
사랑하라 하면서 용서하라 하면서
사람이 사람을 죽이는 일
파리 목숨 취급하듯 하는 일이
있어서야 되겠습니까
혹시라도 이런 일이 종교에 있어서는
절대로 안 되는 일이라 믿습니다
관세음보살 나무아미타불
우리 모두 서로가 서로를 아끼고
사랑합시다 사랑합시다 사랑합시다

부처님의 법

불법은 참불법은
만나기 어렵다네
어렵고 어렵거늘
내 이제 몸담아 닦으니
이 어찌 다행한 일이 아닌가
한눈팔지 맙시다
한눈팔지 맙시다
한눈팔지 맙시다
한눈을 파는 일 없이 해
이 생에 깨닫고 보림을 하여서
제도로써 불은 갚음으로
태평한 세상을 확실하게 이루리
누립시다 누립시다 확실하게 누립시다
누립시다 누립시다 확실하게 누립시다
누립시다 누립시다 확실하게 누립시다
아 고맙고도 고마우신 우리 부처님
거룩하고 거룩하신 부처님을 모시는 이 행복
생각할수록 넘치고 넘치는 이 행복
감사합니다 고맙습니다
감사합니다 고맙습니다 감사합니다 고맙습니다
감사합니다 고맙습니다 감사합니다 고맙습니다
감사합니다 고맙습니다 감사합니다 고맙습니다

 즐겁게 살자

나를 찾아 행복을 찾아
내면 향한 명상으로 비춰보며
오늘도 최선을 다한 하루해가 져가는 노을빛
곱게 물이 들고 내 꿈도 이뤄져간다
생각만 하여도 보람찬 미소를 짓는다
세상만사 별것이더냐
서로서로 도와가며 살면서
틈틈이 내면 향한 명상으로
몸 건강 마음 건강 챙기며 사노라면
참나 깨친 박장대소도 짓고
세상 고별 마음대로 하는 날도 있을 걸세
그런 날을 기대하며 일하며 명상하며
하루하루 즐겁게 살자

 행복이란

즐거웁게 즐겁게
살아가면 좋잖아
한 번인 인생의 삶인데
모두 활짝 웃어요
신이 나게 웃어요
행복이란 돈과 직위에
있는 것 아니라네
행복이란 그 어떤 마음으로
사느냐에 있다네
다 같이 다 같이 웃어들 봐요
그 웃음 타고 행복이 오네
짧은 인생살이 이렇게
만들어가며 살아들 보세

 그 말씀

1. 님들의 고구정녕 그 말씀 맘에 새기세
   그러면 오는 날엔 행복을 누리며
   이웃들을 도우며 살리
   개미처럼 개미처럼 개미처럼
   개미처럼 개미처럼 개미처럼
   개미처럼 개미처럼 개미처럼
   이것저것 논하지를 말고서 서로가
   서로를 도와 세상을 이끄는 데 노력하면
   이 세상의 그 어떠한 일일지라도
   못 이룰 일 없을 것일세
   꿀벌처럼 꿀벌처럼 꿀벌처럼
   꿀벌처럼 꿀벌처럼 꿀벌처럼
   꿀벌처럼 꿀벌처럼 꿀벌처럼

2. 님들의 가르침을 실행한 덕으로써
   마음에 갖추어진 갖가지 능력을
   부려 써서 누리는 삶을
   나비처럼 나비처럼 나비처럼
   나비처럼 나비처럼 나비처럼
   나비처럼 나비처럼 나비처럼
   더불어서 함께하는 별유천지 눈앞이 아니던가
   이 모든 것이 참고 참아 극복해 이겨냈던
   그 공덕의 결실이로세 그 공덕의 결실이로세
   운학처럼 운학처럼 운학처럼
   운학처럼 운학처럼 운학처럼
   운학처럼 운학처럼 운학처럼

두고두고 할 일

아미타불 사유를 깊이깊이 하여서
하늘땅 생긴 이래 오늘에 이르도록
크나큰 은산철벽 너머 일처럼
까마득히 모른 나를 깨달았으나
모양 빛깔 없어서 쥐어줄 수도
보여줄 수도 없는 일이라서
입은 옷 뒤집어 보이듯 못하니 한이구나
그러나 보고 듣고 하는 바로 그것이니
마음눈을 활짝 열어 듣는 그곳 향해 살펴봐요 살펴봐
하늘땅이 간 곳 없고 자신까지 사라진 데서
듣고 아는 그것 내가 아니던가
깊이깊이 참구해서 참나 찾아 결정신을 내리게나
다생겁의 윤회 중에 몸종노릇 허사란 걸 경험하지 않았던가
그 깨달음 비추어 세상 일에 응해가며
보림수행하는 일에 방심하지 않아서
구경각을 성취 후에 모든 류를 구제해서
큰 불은 갚음만이 두고두고 할 일일세 두고두고 할 일일세

 좋구나

좋구나 이곳이 어때서
낙원에 장소가 있나요

마음이 착하면 선 곳이 무릉도원
이런 삶이 참 삶이라네

미소를 지으며 손에 손을 잡고서
태평가를 모두들 불러요

우리들 이렇게 서로 만나 사는 것
백겁천생 인연이라네

세월아 맞춰라 내 즐기고 즐기며
함께한 이들에 위로를 하려네

화엄의 세계

1. 각자 마음 깨닫고 봐요
   누리 그 모두가 장엄이네 장엄, 빛의 장엄
   어느 하나 마음의 장엄 아닌 게 없네 없어
   다함 없고 끝이 없는 보고 듣는 마음 하나 바로 쓰면
   이대로가 무릉도원, 화엄의 세계로세

2. 보고 듣고 느끼고 생각하는
   그 모든 것 장엄이네 장엄, 빛의 장엄
   어느 하나 빛의 장엄 아닌 게 없네 없어
   다함 없고 끝이 없는 보고 듣는 마음 하나 바로 쓰면
   이대로가 화장세계, 장엄의 세계로세

 만들자

1. 빌딩숲의 실외기 열
   오고가는 차 배기가스
   사람소리 기계소리를
   원림 속의 새소리와
   개울소리 미풍소리
   그런 환경 만들자 만들자 만들자

2. 이익 따져 주고받는
   설왕설래 어지러움
   높고 낮은 금속음들을
   매미소리 물소리와
   노래하는 그런 환경
   우리 함께 만들자 만들자 만들자

3. 하늘 맑고 별이 빛난
   조용하고 시상 뜨는
   그런 환경 거닐면서
   손에 손을 마주 잡고
   노래하는 그런 환경
   우리 함께 만들자 만들자 만들자

바로보인의 책들

1. 바로보인 전등록 (전30권을 5권으로)

7불과 역대 조사의 말씀이 1,700공안으로 집대성되어 있는 선종 최고의 고전으로, 깨달음의 정수가 살아 숨쉬도록 새롭게 번역되었다.

464, 464, 472, 448, 432쪽.
각권 18,000원

2. 바로보인 무문관

황룡 무문 혜개 선사가 저술한 공안집으로 전등록, 선문염송, 벽암록 등과 함께 손꼽히는 선문의 명저이다.
본칙 48개와 무문 선사의 평창과 송, 여기에 역저자인 대원 문재현 선사의 도움말과 시송으로 생명과 같은 선문의 진수를 맛보여 주고 있다.

272쪽. 12,000원

3. 바로보인 벽암록

설두 선사의 설두송고를 원오 극근 선사가 수행자에게 제창한 것이 벽암록이다.
이 책은 본칙과 설두 선사의 송, 대원 문재현 선사의 도움말과 시송으로 이루어져, 벽암록을 오늘에 맞게 바로 보이고 있다.

456쪽. 15,000원

4. 바로보인 천부경

우리 민족 최고(最古)의 경전 천부경을 깨달음의 책으로 새롭게 바로 보였다. 이 책에는 81권의 화엄경을 81자에 함축한 듯한 천부경과, 교화경, 치화경의 내용이 함께 담겨 있으며, 역저자인 대원 문재현 선사가 도움말, 토끼뿔, 거북털 등으로 손쉽게 닦아 증득하는 문을 열어놓고 있다.

432쪽. 15,000원

5. 바로보인 금강경

대원 문재현 선사의 『바로보인 금강경』은 국내 최초로 독창적인 과목을 내어 부처님과 수보리 존자의 대화 이면의 숨은 뜻을 드러내고, 자문과 시송으로 본문의 핵심을 꿰뚫어 밝혀, 금강경 전체를 손바닥 안의 겨자씨를 보듯 설파하고 있다.

488쪽. 15,000원

6. 세월을 북채로 세상을 북삼아

대원 문재현 선사의 선시가 담긴 선시화집 『세월을 북채로 세상을 북삼아』는 선과 시와 그림이 정상에서 만나 어우러진 한바탕이다. 선의 세계를 누리는 불가사의한 일상의 노래, 법열의 환희로 취한 어깨춤과 같은 선시가 생생하고 눈부시게 내면의 소리로 흐른다.

180쪽. 15,000원

7. 영원한현실

애매모호한 구석이 없이 밝고 명쾌하여, 너무도 분명함에 오히려 그 깊이를 헤아리기 어려운, 대원 문재현 선사의 주옥같은 법문을 모아 놓은 법문집이다.

400쪽. 15,000원

8. 바로보인 신심명

신심명은 양끝을 들어 양끝을 쓸어버리는, 40대치법으로 이루어진, 3조 승찬 대사의 게송이다.

이를 대원 문재현 선사가 바로 번역하는 것은 물론, 주해, 게송, 법문을 더해 통쾌하게 회통하고 자유자재 농한 것이 이 『바로보인 신심명』이다.

296쪽. 10,000원

9. 바로보인 환단고기 (전5권)

『바로보인 환단고기』 1권은 민족정신의 정수인 환단고기의 진리를 총정리하여 출간하였다.

2권에는 역사총론과 태초에서 배달국까지 역사가 실려있으며, 3권은 단군조선, 4권은 북부여에서부터 고려까지의 역사가 실려있다. 5권에는 역사를 증명하는 부록과 함께 환단고기 원문을 실었다.

264 · 368 · 264 · 352 · 344쪽. 각권 12,000원

10. 바로보인 선문염송 (전30권 중 25권)

선문염송은 세계최대의 공안집이다. 전 공안을 망라하다시피 했기에 불조의 법 쓰는 바를 손바닥 들여다보듯 하지 않고 는 제대로 번역할 수 없다. 대원 문재현 선사는 전 공안을 바로 참구할 수 있게끔 번역하고 각 칙마다 일러보였다.

352 368 344 352 360 360 400 440 376 392 384 428
410 380 368 434 400 404 406 440 424 460 472 456 504쪽
각권 15,000원

11. 앞뜰에 국화꽃 곱고 북산에 첫눈 희다

대원 문재현 선사의 선문답집으로 전강·경 봉·숭산·묵산 선사와의 명쾌한 문답을 실 었으며, 중앙일보의 <한국불교의 큰스님 선문 답> 열 분의 기사와 기자의 질문에 대한 대 원 문재현 선사의 별답을 함께 실었다.

200쪽. 5,000원

12. 바로보인 증도가

선종사에 사라지지 않을 발자취로 남은 영가 선사의 증도가를 대원 문재현 선사가 번역하 고 법문과 송을 더하였다.

자비의 방편인 증도가의 말씀을 하나하나 쳐 가는 선사의 일갈이야말로 영가 선사의 본 의중과 일치하여 부합하는 것이라 아니할 수 없다.

376쪽. 10,000원

13. 바로보인 반야심경

이 시대의 야부 선사, 대원 문재현 선사가 최초로 반야심경에 과목을 붙여 반야심경 내면에 흐르는 뜻을 밀밀하게 밝혀놓고 거침없는 송으로 들어보였다.

200쪽. 10,000원

14. 선(禪)을 묻는 그대에게 (전10권 중 2권)

대원 문재현 선사의 선수행에 대한 문답집. 깨달아 사무친 경지에 대한 밀밀한 점검과, 오후보림에 대한 구체적인 수행법 제시와, 최초의 무명과 우주생성의 원리까지 낱낱이 설한 법문이 담겨 있다.

280쪽, 272쪽. 각권 15,000원

15. 바로보인 선가귀감

선가귀감은 깨닫고 닦아가는 비법이 고스란히 전수되어 있는 선가의 거울이라 할 만하다. 더욱이 바로보인 선가귀감은 매 소절마다 대원 문재현 선사의 시송이 화살을 과녁에 적중시키듯 역대 조사와 서산대사의 의중을 꿰뚫어 보석처럼 빛나고 있다.

352쪽. 15,000원

16. 바로보인 법융선사 심명

심명 99절의 한 소절, 한 소절이 이름 그대로 마음에 새겨두어야 할 자비광명들이다.
이 심명은 언어와 문자이면서 언어와 문자를 초월한 일상을 영위하게 하는 주옥같은 법문이다.

278쪽. 12,000원

17. 주머니 속의 심경

반야심경은 부처님이 설하신 경 중에서도 절제된 경으로 으뜸가는 경이다. 대원 문재현 선사의 선송(禪頌)도 그 뜻을 따라 간략하나 선의 풍미를 한껏 담고 있다. 하루에 한 소절씩을 읽고 참구한다면 선 수행의 지름길이 될 것이다.

84쪽. 5,000원

18. 바로보인 법성게

법성게는 한마디로 화엄경의 핵심부를 온통 훤출히 드러내놓은 게송이다. 짧은 글 속에 일체의 법을 이렇게 통렬하게 담아놓은 법문도 드물 것이다.
이렇게 함축된 법성게 법문을 대원 문재현 선사가 속속들이 밀밀하게 설해놓았다.

160쪽. 10,000원

19. 달다 - 전강 대선사 법어집

이제는 전설이 된 한국 근대선의 거목인 전강 선사님의 최상승법과 예리한 지혜, 선기로 넘쳤던 삶이 생생하게 담겨 있는 전강 대선사 법어집 < 달다 > !
전강 대선사님의 인가 제자인 대원 문재현 선사가 전강 대선사님의 법거량과 법문, 일화를 재조명하여 보였다.

304쪽. 15,000원

20. 기우목동가

그 뜻이 심오하여 번역하기 어려웠던 말계지은 선사의 기우목동가!
대원 문재현 선사가 바른 뜻이 드러나도록 번역하고, 간결한 결문과 주옥같은 선송으로 다시 보였다.

146쪽. 10,000원

21. 초발심자경문

이 초발심자경문은 한문을 새기는 힘인 문리를 터득하게 하기 위하여 일부러 의역하지 않고 직역하였다.
대원 문재현 선사의 살아있는 수행지침도 실려 있다.

266쪽. 10,000원

22. 방거사어록

방거사어록은 선의 일상, 선의 누림을 보여주는 대표적인 선문이다. 역저자인 대원 문재현 선사는 방거사어록의 문답을 '본연의 바탕에서 꽃피우는 일상의 함'이라 말하고 있다. 법의 흔적마저 없는 문답의 경지를 온전하게 드러내 놓은 번역과, 방거사와 호흡을 함께 하는 듯한 '토끼뿔'이 실려 있다.

266쪽. 15,000원

23. 실증설

대원 문재현 선사가 2010년 2월 14일 구정을 맞이하여 불자들에게 불법의 참뜻을 보이기 위해 홀연히 펜을 들어 일시에 써내려간 『실증설』. 실증한 이가 아니고는 설파할 수 없는 일구의 도리로 보인 1부와, 태초로부터 영겁에 이르는 성품의 이치를 낱낱이 법문으로 설한 2, 3부를 보아 실증하기를…

198쪽. 10,000원

24. 하택신회대사 현종기

육조대사의 법이 중국천하에 우뚝하도록 한 장본인, 하택신회대사의 현종기. 세간에 지해종도로 알려져 있는 편견을 불식시키는 뛰어난 깨달음의 경지가 여기에 담겨있다. 대원 문재현 선사가 하택신회대사의 실경지를 드러내고 바로보임으로써 빛냈다.

232쪽. 10,000원

25. 불조정맥 - 韓·英·中 3개국어판

석가모니불로부터 현 78대에 이르기까지 불
조정맥진영(佛祖正脈眞影)과 정맥전법게(正
脈傳法偈)를 온전하게 갖춘 최초의 불조정맥
서. 대원 문재현 선사가 다년간 수집, 정리하
여 기도와 관조 끝에 완성한 『불조정맥』을 3
개국어로 완역하였다.

216쪽. 20,000원

26. 바른 불자가 됩시다

참된 발심을 하여 바른 신앙, 바른 수행을
하고자 해도, 그 기준을 알지 못해 방황하는
불자님들을 위해 불법의 바른 길잡이 역할
을 하도록 대원 문재현 선사가 집필하여 출
간하였다.

162쪽. 10,000원

27. 누구나 궁금한 33가지

21세기의 인류를 위해 모든 이들이 가장 어
렵고 궁금해 하는 문제, 삶과 죽음, 종교와
진리에 대한 바른 지표를 제시하고자 대원
문재현 선사가 집필하여 출간하였다.

180쪽. 10,000원

28. 108진참회문 - 韓·英·中 3개국어판

전생의 모든 악연들이 사라져 장애가 없어지고, 소망하는 삶을 살게 하기 위해 대원 문재현 선사가 10계를 위주로 구성한 108 항목의 참회문이다. 한 대목마다 1배를 하여 108배를 실천할 것을 권한다.

170쪽. 15,000원

29. 달마의 일할도 허락지 않는다

대원 문재현 선사의 짧고 명쾌한 법문집. 책을 잡는 순간 달마의 일할도 허락지 않는 선기와 맞닥뜨리게 될 것이다. 때로는 하늘을 찌를 듯한 기세와, 때로는 흔적 없는 공기와도 같은 향기를 일별하기를…

190쪽. 10,000원

30. 마음대로 앉아 죽고 서서 죽고

생사를 자재한 분들의 앉아서 열반하고 서서 열반한 내력은 물론 그분들의 생애와 법까지 일목요연하게 수록해놓았다.

446쪽. 15,000원

31. 화두 - 韓·英·中 3개국어판

『화두』는 대원 문재현 선사의 평생 선문답의 결정판이다. 생생히 살아있는 선(禪)을 한·영·중 3개국어로 만날 수 있다. 특히 대원 문재현 선사의 짧은 일대기가 실려 있어 그 선풍을 음미하는 데에 큰 도움을 주고 있다.

440쪽. 15,000원

32. 바로보인 간당론

법문하는 이가 법리를 모르고 주장자를 치는 것을 눈먼 주장자라 한다. 법좌에 올라 주장자 쓰는 이들을 위해서 대원 문재현 선사가 간당론에서 선리(禪理)만을 취하여 『바로보인 간당론』을 출간하였다.

218쪽. 20,000원

33. 완전한 우리말 불공예식법

부처님께 공양을 올리고 불보살님의 가피를 구하는 예법 등을 총칭하여 불공예식법이라 한다. 대원 문재현 선사가 이러한 불공예식의 본 뜻을 살려서 완전한 우리말본 불공예식법을 출간하였다.

456쪽. 38,000원

34. 바로보인 유마경

유마경은 가히 불법의 최정점을 찍는 경전
이라 할 것이니, 불보살님이 교화하는 경지
에서의 깨달음의 실경과 신통자재한 방편행
을 보여주는 최상승 경전이다. 대원 문재현
선사가 < 대원선사 토끼뿔 >로 이 유마경에
걸맞는 최상승법을 이 시대에 다시금 드날
렸다.

568쪽. 20,000원

법문 MP3를 주문판매합니다

부처님의 78대손이신 대원(大圓) 문재현(文載賢) 전법선사님의 법문 MP3가 나왔습니다. 책으로만 보아서는 고준하여 알기 어려웠던 선문(禪文)의 이치들이 자세히 설하여져 있어서, 모든 궁금증을 시원하게 풀어줄 것입니다.

- 바로보인 천부경 : 15,000원
- 바로보인 금강경 : 40,000원
- 바로보인 신심명 : 30,000원
- 바로보인 법성계 : 10,000원
- 바로보인 현종기 : 65,000원
- 바로보인 법융선사 심명 : 100,000원
- 바로보인 반야심경 : 1회당 5,000원 (총 32회)
- 바로보인 선가귀감 : 1회당 5,000원 (총 80회)

대원 선사님 작사 노래 CD 주문판매합니다

가슴으로 부르는
불심의 노래

1. 서원가 (3:36)
2. 반조 염불가 (4:00)
3. 소중한 삶 (2:30)
4. 석가모니불 (4:52)
5. 맹서의 노래 (4:25)
6. 염원의 노래 (3:25)
7. 음성 공양 (3:51)
8. 발 심 가 (3:05)
9. 자비의 품 (4:10)
10. 부처님 은혜(첫 번째) (4:34)

11. 보살의 마음 (3:50)
12. 이 생에 해야 할 일 (3:08)
13. 구도의 목표 (3:18)
14. 남은 아시리 (3:42)
15. 부처님 은혜(두 번째) (4:34)
16. 성중성인 오셨네 (3:10)
17. 내 문제는 내가 풀자 (2:38)
18. 즐거운 밤 (2:27)
19. 관 음 가 (2:48)

• 가격 : 2만원

가슴으로 부르는
불심의 노래 2

1. 부 처 님 (4:01)
2. 열반재일 (3:09)
3. 성도재일 (4:00)
4. 석굴암의 노래 (3:19)
5. 님의 모습 (3:15)
6. 믿고 따르세 (2:55)
7. 신명을 다하리 (4:17)
8. 부처님께 바치는 마음 (3:49)
9. 감사합니다 (3:10)
10. 교 화 가 (4:30)

11. 섬진강 소초 (3:08)
12. 권 수 가[1] (3:02)
13. 권 수 가[2] (3:02)
14. 우란분재일 (3:38)
15. 고맙습니다 (2:31)
16. 믿음으로 여는 세상 (3:05)
17. 출가재일 (2:44)
18. 염 원 (2:52)
19. 우리네 삶, 고운 수로 (2:35)
20. 숲속의 마음 (2:33)

• 가격 : 1만5천원

문의 전화 ☎ 031-534-3373